KB216062

"안타깝게도 바울에 관한 새 관점은 바울의 이신칭의 가르침에서 간과된 측면을 밝혀주기보다는 주로 논쟁을 불러일으키곤 했다. 잉거 교수는 양쪽의 관점 모두에 대해 가장 유익한 방식으로 이에 대한 설명을 제시한다. … 이 책이 새 관점 및 새 관점에 관한 바울의 가르침을 다룬 훌륭한 개론서라는 사실을 확인하게 될 것이다."

—**제임스 던**(James D. G. Dunn), *The New Perspective on Paul: Collected Essays*의 저자

"켄트 잉거는 복잡하고 때로는 감정적이기도 한 바울과 칭의에 관한 논쟁을 좀 더 많은 청중들이 이해하기 쉽도록 해주었다. 이 책은 어느 한쪽 편의 장단에 맞춰 요란하게 선전하지 않는다. 이 책은 '새 관점'에 대한 변호가 아니며, 어느 한편에서 상대편을 향해 하는 선전포고도 아니다. 오히려 이 책은 중요 지형에 대한 지도이며, 논쟁의 장에서 누가 누구인지를 알려주는 목록이고, 해석에 있어서 논쟁이 이루어지고 있는 몇몇 어두운 골목을 비춰주는 손전등이다. 또한 그 과정에서 잉거는 양질의 합리적인 주석도 우리에게 일부 제공한다. 만약 당신이 신학적인 논쟁과 바울 해석의 소용돌이 속에 빠져 있다면, 이 책은 당신이 방향을 잡을 수 있도록 돕는 한 가지 방법이 될 것이다."

—**마이클 버드**(Michael F. Bird), 호주 멜버른 리들리칼리지의 신약학 학과장

"새 관점을 둘러싼 모든 소동이 과연 무엇에 관한 것인지, 그것은 정말 중요한 것인지, 그렇다면 어떻게 중요한지에 대해서 알기 원하는 사람들에게 이 책은 그야말로 '딱'이다. 켄트 잉거는 바울에 관한 새 관점과 관련해서 그간 이루어졌던 방대한 분량의 논의들에 완전히 정통하면서도 핵심 문제를 다른 사람들이 이해하기 쉽게 쓰는 재주가 있다. 바로 이 책은 지금도 진행 중인 논쟁에 대한 합리적이고, 간결하며, 분명하고, 정확하며, 공정한 개론서다. 학계와 교회 모두에게 잉거는 새 관점에 대한 매우 필요한 관점을 제공해 준다."

—**앤드루 링컨**(Andrew Lincoln), 글로스터셔대학교 포틀랜드 신약학 교수

"켄트 잉거는 이른바 바울에 관한 새 관점에 대한 공정하고도 읽기 쉬운 해설을 제공하는 책을 쓰고자 했다. 새 관점을 비판하지도 않고 옹호하지도 않는 그런 책을 말이다. 그의 목표는 일시적으로 유행하는 일부 성서학자들의 창의성과 성경에 대한 보다 나은 이해로부터 말미암는 깊이 있는 통찰력 사이에서 길을 모색하는 것이다. 그는 새 관점에 관한 네 가지의 기본적인 질문에 답을 하고자 했다. (1) 새 관점은 무엇인가? (2) 새 관점은 어디에서 나온 것인가? (3) 새 관점의 잠재적인 위험 요소들은 무엇인가? (4) 새 관점의 장점은 무엇인가? 이 책을 읽고 난 후, 내가 잉거 박사에게 하고 싶은 말은 딱 하나다. '정확히 명중했다!'"

—**찰스 코너리**(Charles J. Conniry, Jr.), 웨스턴세미너리 목회신학 교수

# 바울에 관한 새 관점 개요

켄트 L. 잉거 지음

임충열 옮김

**바울에 관한 새 관점 개요**

지음      켄트 L. 잉거
옮김      임충열
편집      김덕원, 이찬혁, 박이삭
색인      이상원

발행처      감은사
발행인      이영욱
전화      070-8614-2206
팩스      050-7091-2206
주소      서울특별시 강동구 암사동 아리수로 66, 401호
이메일      editor@gameun.co.kr

**종이책**
초판발행      2022.12.31.
ISBN      9791190389839
정가      16,800원

**전자책**
초판발행      2022.12.31.
ISBN      9791190389853
정가      12,800원

# The New Perspective on Paul:
# An Introduction

Kent L. Yinger

| 일러두기 |

1. 본서에 등장하는 성경 구절들은 대부분 개역개정판을 사용한 것입니다. 더러 확실한 의미 관계를 위해 구두점을 첨가하거나 저자의 논지에 따라 수정한 곳도 있습니다.

2. "참고 문헌"의 웹사이트 주소 기록은 원서가 제작된 2011년 당시의 주소 이며, 현재는 해당 페이지가 존재하지 않을 수도 있습니다. "더 깊은 연구를 위한 제안"의 웹사이트 주소 역시 마찬가지이며, 해당 주소가 변경된 것으로 보이는 경우 2022년 12월 13일 현재 기준의 웹사이트 주소를 명시하였습니다.

데비(Debi)에게,

늘 잘 들어주고 격려하기를 기뻐하는 당신의 마음은
바울을 이해하는 것에 대한 나의 성장에 있어
너무나도 중요한 부분이었소.

| 목차 |

# 한국어판 저자 서문

　이 짧은 개요서가 출간된 지도 벌써 십 년이 넘었기 때문에, 이 한국어판 서문에서는 본서가 처음 출간된 이후 바울에 관한 새 관점(이후 '새 관점'으로 지칭)과 관계되어 일어난 일들에 대해 알려 줄 수 있으리라 생각한다. 더욱이 이 책의 영문판 원서에서는 새 관점과 관련한 영미권 성서학계 바깥의 활동에 대해서는 거의 관심을 기울이지 못했다. 그래서 이 서문은 비영어권에서의 발전에 대해, 특히 새 관점에 대한 한국 신학계의 논의에 관해서도 간략하게 언급을 하고자 한다.

　지난 15년간의 바울 연구를 개관하다 보면 새 관점은 여전히 활기찬 해석학적 움직임을 나타내고 있음을 확인할 수 있다(아래 나오는 선별된 목록은 단지 이를 보여주기 위한 것이다). 좀 더 **일반적인 설명과 분석**을 담고 있는 책으로는 다음과 같은 것들이 있다.

- David C. Ratke, ed., *The New Perspective on Paul* (Lutheran Univ., 2012).
- N. T. Wright, *Paul and the Faithfulness of God*. 2 vols. (Fortress, 2013) [= 『바울과 하나님의 신실하심』, 총2권, CH북스, 2015].
- Garwood Anderson, *Paul's New Perspective: Charting a Soteriological Journey* (IVP, 2016).

오늘날 일부 학자들은 새 관점을 하나의 출발점으로 삼아, 신학과 교회의 실천에 있어서 **추가적인 파급 효과들**에 대해 연구한다.

- McKnight, Scot, and Joseph B. Modica, eds. *The Apostle Paul and the Christian Life: Ethical and Missional Implications of the New Perspective* (Baker Academic, 2016) [= 『사도 바울과 그

리스도인의 삶』, 에클레시아북스, 2018].

**비평서들** 역시 계속해서 출간되고 있다.

- Stephen J. Hultgren, "The 'New Perspective on Paul': Exegetical Problems and Historical-Theological Questions," *Lutheran Theological Journal* 50 (2016): 70-86.
- Robert J. Cara, *Cracking the Foundation of the New Perspective on Paul: Covenantal Nomism Versus Reformed Theology Reformed, Exegetical and Doctrinal Studies* (Mentor, 2017).

**역사신학 학자들**은 새 관점이 그리 '새로운' 것이 아니며, 실제로 초기 교회의 역사 속에 그 선례가 있었는지에 대해 연구하기 시작했다.

- Jordan Cooper, *The Righteousness of One: An Evaluation of Early Patristic Soteriology in Light of the New Perspective on Paul* (Wipf & Stock, 2013).
- Stephen Chester, *Reading Paul with the Reformers: Reconciling Old and New Perspectives* (Eerdmans, 2017).

- Matthew J. Thomas, *Paul's 'Works of the Law' in the Perspective of Second Century Reception*, WUNT II/468 (Mohr Siebeck, 2018).

이 주제에 관하여 **동방정교회** 저자들이 보여준 관심은 다음과 같다.

- Athanasios Despotis, ed., *Participation, Justification and Conversion: Eastern Orthodox Interpretation of Paul and the Debate between 'Old and New Perspectives on Paul'*, WUNT II/442 (Mohr Siebeck, 2017).

심지어 루터파 관점이 우세할 것으로 예상되는 **루터의 땅**에서도 새 관점에 대한 관심이 증가하는 것을 확인할 수 있다.

- Jens-Christian Maschmeier, *Rechtfertigung bei Paulus: Eine Kritik alter und neuer Paulusperspektiven*, BWANT 189 (Kohlhammer, 2010).
- Ivana Bendik, *Paulus in neuer Sicht? Eine Kritische Einführung in die "New Perspective on Paul,"* Vol. 18 Judentum

und Christentum (Kohlhammer, 2010).

- Michael Bachmann, "Lutherische oder Neue Paulusperspektive?: Merkwürdigkeiten bei der Wahrnehmung der betreffenden exegetischen Diskussionen," *BZ* 60 (2016): 73-101.

- Jens-Christian Maschmeier, "Justification and Ethics: Theological Consequences of a New Perspective on Paul," *Theological Review* 38 (2017): 35-53.

특히 이 개론서를 읽는 한국의 독자들은 당연히 새 관점에 대해 점증하는 한국 신약학계의 관심에 더 흥미를 느낄 것이다. 초기의 중요한 참여자이자 비판자는 김세윤이었다: *Paul and the New Perspective: Second Thoughts on the Origin of Paul's Gospel* (Eerdmans, 2002) [= 『바울 신학과 새 관점』, 두란노, 2002]. 그런데 좀 더 최근에 나온 그의 저작은 새 관점에 대해 좀 더 긍정적인 입장을 취하고 있다: 『칭의와 성화』, 두란노, 2013. 또한 한국의 출판사들은 다음과 같은 다양한 새 관점 관련 영문 서적들을 한국어로 번역하여 출간했다.

- Guy Prentiss Waters, *Justification And The New Perspectives On Paul: A Review And Response* (P&R, 2004) [=『바울에 관한 새 관점』, CLC, 2012].

- E. P. Sanders, *Paul and Palestinian Judaism: A Comparison of Patterns of Religion* (SCM, 1977) [=『바울과 팔레스타인 유대교』, 알맹e, 2018].

- James D. G. Dunn, "The New Perspective on Paul" in *The New Perspective on Paul*, WUNT I/185 (Mohr Siebeck, 2005) [=『바울에 관한 새 관점』, 감은사, 2018].

- James D. G. Dunn, "The New Perspective on Paul: whence, what and whither?" in *The New Perspective on Paul*, WUNT I/185 (Mohr Siebeck, 2005) [=『바울에 관한 새 관점의 기원, 정의, 미래』(가제), 감은사, 2023 출간 예정].

그런데 가장 중요한 것은 한국의 신약학자들이 한글로 이 논의에 참여한 것이다. 지금까지는 새 관점에 대해 긍정적인 입장은 거의 없었고, 대부분이 새 관점에 대하여 부정적인 입장이었다. 앞서 언급했던 김세윤의 2013년 저작 말고, 내가 확인한 바로는, 직접적으로 새 관점을 다루고 있는 책들이 전부 세 권인 것으로 알고 있다(아래 소개된 책들의 저자 이승

구, 박영돈, 김병훈은 모두 조직신학/교의학자다―편주).

- 이승구, 『톰 라이트에 대한 개혁신학적 반응: N. T. 라이트의 신학적 기여와 그 문제점』 (합신대학원출판부, 2013).
- 박영돈, 『톰 라이트 칭의론 다시 읽기: 바울은 칭의에 대해 정말로 무엇을 말했는가?』 (IVP, 2016).
- 김병훈, 『행위로 구원?: "바울에 관한 새 관점"을 비평하다』 (합신대학원출판부, 2017).

이 세 권 모두는 새 관점에 대한 비평서다. 더불어 한국신약학회(2008), 한국복음주의신학회(2010), 한국개혁신학회(2010)에서 나온 학회지에도 새 관점에 대한 여러 소논문들이 실렸다. 이에 관한 언급은 정성국, "The New Perspective on Paul and Korean Evangelical Responses: Assessment and Suggestions." *JAET* 19 (2015): 21-41에서 확인된다.

이제 두 가지 사항을 살펴보면서 간략한 정보를 새롭게 추가하는 일을 마무리할까 한다. 먼저, 2015년에 발간된 존 M. G. 바클레이(John M. G. Barclay)의 책을 언급할 필요가 있다: *Paul and the Gift* (Eerdmans, 2015) [=『바울과 선물』, 새물결플러스, 2019]. 이 책은 어떤 측면에서는 새 관점을 강화했지만, 또 다른 측면에서는 새 관점에 대해 도전을 제기했다. 바클레이의 주요한 결론들 가운데 하나는 이것이다. 곧, "강력한 반대 증거가 없는 한, 우리는 선물이 답례의 기대와 함께 주어진다고 가정해야 한다"(23). 따라서 은혜로 말미암는 구원은 '비순환적'(non-circular)이며, '값없는 것'(free)이고, 받는 이들에게 어떠한 기대나 보답을 행할 의무가 없다는 종교 개혁적 관념은 고대인들이나 신약성경이 은혜를 이해하던 방식이 아니었다. 이러한 주장은 인간의 순종에 대한 기대나 의무를 보여준다는 점에서 새 관점을 지지한다고 보일 수도 있겠다. 하지만 다른 한편으로 바클레이는 E. P. 샌더스(E. P. Sanders)나 새 관점을 옹호하는 많은 사람들이 고대 유대교와 신약성경에 등장하는 은혜의 다양성을 보지 못한 것을 비판했다. 예를 들자면, 제2성전기 문헌들은 거의 한결같이 은혜의 순환성을 주장하지만(즉, 선물은 상호 관계를 전제로 한다) 거기서 그러한 은혜가 효과적/유효적(efficacious)인지(즉, 하나님은 구원에 있어서 유일한 행위주체다), 혹은 비상응적(incongruous)인지(즉, 주는 자는 받는 자의 자격을 고려하지 않는다)는 상당히 다양하다.

마지막으로 나의 이 책, 『바울에 관한 새 관점 개요』가 출간될 무렵, 새 관점과 긴밀한 관계를 가진 새로운 선수 한 명이 경기장에 입장했다. 2010년 애틀랜타에서 열린 북미성서학회 연례 대회에서, 새로운 한 그룹이 모여서 서로의 글을 공유했고, 마침내 분과의 이름을 "유대교 안의 바울"(Paul within Judaism: 때로는 "급진적 새 관점"[Radical New Perspective]으로도 불린다)로 채택했다. 이 학자들 가운데 대부분은 샌더스와 새 관점 학자들의 의견에 동의했다. 즉, 1세기 유대교는 전통적인 신학적 의미에서 율법주의적이지 않았으며, 바울은 자신의 편지에서 율법주의적인 유대교를 반대하지 않았다는 것이다. 그러나 그들은 대부분의 다른 새 관점 지지자들, 즉 바울이 유대교 안에서 '잘못'이라고 생각한 것(예, 민족중심주의)을 여전히 찾고 있는 새 관점 옹호자들의 의견에는 동의하지 않는다. 대신에 그들은 바울이 유대교에서 어떤 잘못도 발견하지 못했다고 주장한다. 바울은 조상들의 종교적 패턴 안에 머물러 있었다. 사회적 실천(즉, 바울은 여전히 회당에 출석하고 토라를 준수했을지도 모른다)이라는 차원과 그의 신학적 입장(물론 나사렛 예수의 메시아 되심은 제외하고) 모두에서 말이다. 초기 북미 성서학회의 소논문들은 마크 나노스(Mark Nanos)와 망누스 세테르홀름(Magnus Zetterholm)이 공동으로 편집한 *Paul Within Judaism: Restoring the First-Century Context to the Apostle* (Fortress, 2015)에서 발견된다. 그 이후로 "유대교 안의 바

올"(Paul within Judaism) 연구는 점점 더 빈번하게 등장했다:[1]

- John G. Gager, *Who Made Early Christianity? The Jewish Lives of the Apostle Paul* (Columbia Univ., 2015).

- Gabriele Boccaccini, Carlos A. Segovia and Cameron J. Doody, eds. *Paul the Jew: Rereading the Apostle as a Figure of Second Temple Judaism* (Fortress, 2016).

- Matthew Thiessen, *Paul and the Gentile Problem* (Oxford, 2016).

- David Rudolph, *A Jew to the Jews*, 2nd ed. (Pickwick, 2016).

- Mark D. Nanos, *Reading Paul Within Judaism* (Cascade, 2017).

- Paula Fredriksen, *Paul: The Pagans' Apostle* (Yale Univ., 2017) [= 『바울, 이교도의 사도』, 학영, 2022].

- Gabriele Boccaccini, *Paul's Three Paths to Salvation* (Eerdmans, 2020) [= 『바울이 전하는 세 가지 구원의 길』

---

1.   이보다 조금 이른 시기에 등장했던 *Paul was not a Christian* (Harper, 2009)라는 파멜라 아이젠바움(Pamela Eisenbaum)의 책 역시 언급해야 한다.

(가제), 학영, 2023 출간 예정].

여전히 새 관점은 바울서신을 읽기 위한 주요한 해석학적 렌즈다. 새 관점의 주요한 요소들과 발전들에 대한 지식 없이, 바울 사도의 저작들에 대한 진지한 연구를 진행할 수는 없을 것이다.

# 감사의 말

이 책은 내가 골프를 다시 시작하면서 형태를 갖추기 시작했다. '나이스 샷'과 '방금 그건 완전 슬라이스야'(골프에서 '슬라이스'는 스윙을 할 때, 공이 빗겨 맞아서 오른쪽으로 휘어져 나간 경우를 말함—역주) 사이에서, 나의 고정적인 골프 친구들(제프[Geoff], 데이브[Dave], 존[John], 마이크[Mike])은 상황을 파악하기 쉽게 만들도록 (그리고 되도록이면 조금 짧게 하도록) 훈수를 두었다. 또한 우리 교회 공동체 역시 같은 방식으로 나를 이끌어 주었기에 마땅히 감사를 전해야 할 것 같다. 더불어 이보다 훨씬 전에 "바울과 바울서신"이라는 앤드루 링컨(Andrew Lincoln)의 신학교 수업과 그 이후 박사과정에서의 조언에 대해서도 감사한 마음이다. 정말이지 그 시간들은 우리가 사도 바울이라고 알고 있는 이 복잡한 남자를 이해하기 위한 열정을 내 안에 불러일으켜 주었다. 조지폭스대학교는 여러 차례의 휴가와 안식년(2008-2009년)을 통해서 내가 연구와 집필 활동을 할 수 있도록 상황을 배려해 주었다. 그리고 조지폭스복음주의신학교에 있는 나의 교수 동료들은 워크숍, 교수 연구 포럼, 그리고 복도에서 나눈 짧은 대화를 통해 너무나도 귀중한 나의 토론 상대자가 되어 주었다. 특히 이 책의 초고를 읽고 비평해 준 로드니 듀크(Rodney Duke)와 돈 갈링톤(Don Garlington), 글로 계속적인 대화를 나누는 데 동의해 주었던 돈 해그너(Don Hagner)와 갈링톤, W/S출판사(Wipf and Stock Publishers), 그리고 담당 편집자인 크리스 스핑크스(Chris Spinks)와 직원들에게 특별히 감사의 마음을 전하고 싶다.

# 제1장
## '바울에 관한 새 관점'에 대해 들었을 수도 있고 아닐 수도 있는 것

"자네, 어떻게 방학은 잘 보냈나?" 이웃에 사는 한 신학생에게 물었다. 바울에 관한 나의 수업이 시작되려 할 때, 강의실은 학기의 첫날을 맞아 온통 기대감으로 가득 차 있었다. 그런데 그때 한 신입생이 나에게 살며시 다가와 작은 목소리로 이렇게 말했다. "좋은 아침이에요, 교수님. 그런데 어떻게 말씀을 드려야 좋을지 모르겠지만, 저희 목사님이 지금 이 수업이 '새 관점'의 접근 방식을 취하는지, 아니면 '오직 믿음'이라는 교회의 복음을 고수하는지 알아보라고 하셨어요. 저는 이게 무슨 말인지 잘 모르겠지만, 목사님은 굉장히 걱정하시는 것 같아 보였어요." 그런데 내가 대답을 하기도

전에, 질문했던 학생 뒤에 앉아 있던 다른 학생이 흥분을 하며 불쑥 이렇게 말하는 것이었다. "오, 이런, 목사님께 너무 긴장하지 마시라고 말씀드려요. 이 '새 관점'은 정말 대단한 거예요. 저는 이십여 명 정도 되는 사람들과 함께 저희 집 거실에서 일주일에 한 번씩 모임을 가지고 있어요. 전부가 예수님을 믿는 사람들은 아니에요. 그런데 정말 반응이 대단해요. 이들 중에 많은 사람들은 전통적인 바울, 반여성적, 반유대적, 반문화적인 것들에 대해 완전히 신경을 끄고 있었어요. 그런데 그랬던 그들이 지금은 이 재발견된 바울에 대해 정말 멋지다고 말하고 있죠."

아마 당신은 이 두 가지 태도들 가운데 하나에 또는 이 두 가지 태도의 주변 어딘가에 있는 자신의 모습을 발견할 수 있을 것이다. 앞으로 살펴보게 되겠지만 교회의 지도자들과 교사들의 입장은 너무나도 다양하다. 어떤 이들은 새 관점에 대해 무서운 경고를 하지만, 다른 이들은 이 바울에 관한 새 관점을 통해 보다 깊은 이해를 발견하기도 한다. 만약 당신이 내가 교회와 교실에서 마주쳤던 대부분의 사람들과 비슷하다고 한다면, 몇 가지 기본적인 질문들이 아직 해결되지 않은 채로 남아있을 것이다.

- 새 관점은 무엇인가?
- 새 관점은 어디에서 나온 것인가?
- 새 관점의 잠재적인 위험 요소들은 무엇인가?
- 새 관점의 장점은 무엇인가?

지금 이 작은 책은 그러한 질문들에 대해 이해하기 쉬운 언어로 답변을 제시하는 것을 목표로 한다. 이 책을 통해 유익을 얻기 위해서 꼭 신학 전공 학위가 필요한 것은 아니지만, 목회자들과 신학생들은 실제적인 문제들에 대한 과장된 사실들을 확인하는 데 도움을 얻게 될 것이다. 만약 당신이 좀 더 자세히 연구하기를 원한다면, 이 책 말미에 있는 참고 문헌 목록이 추가적인 읽기에 도움을 줄 것이다.

이 책은 학자들 사이의 논쟁에 익숙하지 않은 사람들에게 바울에 관한 새 관점을 설명하는 것을 목적으로 한다. 흔히 설교자와 청중은 성서학자들의 진보에 비해 약 오십 년 정도 뒤떨어져 있는 것으로 여겨진다. 때로 이것은 좋은 일이다. 일시적으로 유행하는 흐름을 피할 수 있기 때문이다. 그러나 때로 이것은 부끄러운 일이기도 하다. 왜냐하면 그것은 성경에 대한 더 나은 이해로 나아가지 못하도록 막기 때문이다. 아무쪼록 이 책이 일시적인 새로움과 더 나은 통찰력 사이에서 길을 찾는 데 도움이 되기를 소망한다.

『바울에 관한 새 관점 개요』에서는 새 관점의 주장들을 지나치게 자세하게 분석하지는 않을 것이다. 그래서 당신은 아마도 스스로에게 이렇게 되물을 수 있을 것 같다. "그러면 바울서신에 있는 X라는 구절은 어떻게 이해해야 하는 것인가?"[1] 당신은 이 책에서 수많은 대표적인 구절들에 관한 간결한 논의를 보게 될 것이다. 하지만 관련된 모든 성경 구절과 주제에 대한 자세한 분석을 보려면 독자들은 새 관점 지지자들과 반대자들이 쓴 주석들뿐 아니라 이 책의 말미, "더 깊은 연구를 위한 제안"에 제시된 책들을 참고해야 한다.

이 책은 새 관점을 변호하는 책도, 비판하는 책도 아니다. 그동안 나는 새 관점 비판자들에 의해 제기됐던 중요한 문제와 새 관점 지지자들의 대응을 독자들에게 알려주고자 노력해왔다. 그러나 자세한 비판과 대응을 확인하려면, "더 깊은

---

1.   통상 거의 대부분의 성서학자들은 바울의 저작을 인정하는 일곱 개의 '논쟁의 여지가 없는'(undisputed) 바울서신(로마서, 고린도전후서, 갈라디아서, 빌립보서, 데살로니가전서, 빌레몬서)과 바울 저작과 관련하여 의견의 불일치가 존재하는, 곧 '논쟁이 되는'(disputed) 바울서신(데살로니가후서, 골로새서, 에베소서, 디모데전후서, 디도서)을 구분한다. 나는 전통적으로 바울이 기록한 것으로 받아들여지는 열세 편의 편지를 모두 사용할 것이다. 하지만 논쟁이 되는 바울서신 본문에 전적으로 또는 주로 의존하지는 않을 것이다.

연구를 위한 제안"에 제시된 작품들을 참고해야 한다. 그 목록에는 책들을 쉽게 파악할 수 있도록 짧은 설명이 담겨 있다. 나 자신의 성향은 새 관점을 옹호하는 입장이다. 분명 새 관점 반대자들은 내가 새 관점에 대해 너무나 유하다고(soft) 생각할 것이다. 하지만 또한 나는 새 관점 지지자들이 때때로 '네가 그 문제를 다룰 때 우리 편을 위해서 좀 더 큰 목소리를 낼 수도 있었을 텐데'라고 생각했으면 한다. 나는 두 진영에 있는 사람들 모두가 '이것은 우리 입장에 대한 매우 공정한 평가다'라고 인정하게 되기를 바란다. 나의 바람은 이 책이 논쟁 대신에, 바울의 생각, 곧 이방인들을 향한 예수 그리스도의 유대인 사도의 중심 메시지를 진정으로 더 잘 이해하고자 하는 모든 사람이 함께 모여서 생각할 수 있는 장이 되기를 바란다.

　그러므로 앞서 말한 네 가지 질문에 대해 박식하면서도 공정한 방식으로 대답하는 데 필요한 모든 것을 찾아야 한다. 확고한 '예스'(yes)나 '노'(no)를 원한다면, (이 책이 아니라) 이미 사용 가능한 책들이 많이 있다. 우리 대부분에게 부족한 것은 과장된 사실로부터 한 걸음 물러나 '여기서 진짜 문제는 무엇인가?' 하고 묻는 것이다.

# 제2장
## 이 모든 것은 어디에서 시작됐나?:
## E. P. 샌더스 그리고 '유대교에 관한 새 관점'

삶 속에서 일어나는 다른 대부분의 일과 마찬가지로, 입장을 바꾼다는 것은, 심지어 성경과 신학에 관한 입장을 바꾼다는 것은 현 상황에 대한 불만에서 비롯된다. 이 사실은 새 관점의 경우에도 분명히 적용된다. 특히 일부 성서학자들은 신약 시대의 유대교가 묘사되는 방식에 불만을 가지고 있었다. 아마도 이는 새 관점이 학계 바깥에서 잘 알려지지 않은 이유일 것이다. 사실 학계에 속하지 않은 대부분의 사람들은 이 특정 문제에 대해 대체로 현 상황에 만족하고 있었다. "고장난 것이 아니라면, 고치려고 하지 말아라"(완전히 못 쓸 상황이 아니라면, 현 상황을 그대로 유지하라는 의미—역주).

## 샌더스 이전의 '유대교'

19세기와 20세기에, 신약학자들은 당시의 거의 모든 표준적 참고 문헌들에 나타나는 제2성전기 유대교에 대한 묘사에 의존해야 했었다.[1]

> 제2성전기 유대교란?
>
> 이 표현은 유대인의 포로기가 끝난 때(예루살렘 성전이 재건된 때 = 제2성전)로부터 헤롯 성전이 파괴된 때(주후 70년)까지의 유대교를 가리킨다. 이 용어는 중간기, 즉 구약과 신약 시대의 사이 시기를 일컫는 데 사용됐다. 1세기 유대교를 포함하여, 이 시기 유대인들의 신앙과 관습은 '제2성전기 유대교'라고 불린다.

이 제2성전기 유대교에 대한 묘사는 다음과 같이 나타난다. 즉, 1세기 유대인들은 율법주의에 얽매여 있었지만, 바울은 믿음을 통해 은혜로 말미암는 구원을 믿었다는 것이다.

유대인들은 [하나님의 면죄 선언을 필요로 하는] 이러한 상태를

---

1.    이러한 초기의 입장에 대한 연구는, Moore, "Christian Writers on Judaism," 197–254을 참고하라.

율법을 지키는 것, 즉 율법에 규정된 '행위들'을 완수하는 것이라고 믿었다. 이러한 입장과는 정반대로, 바울의 논제는 **'믿음으로**(by), **혹은 믿음으로부터**(from)'이다.[2]

바리새주의는 종교를 율법에 일치되도록 만들고, 오직 율법을 행하는 자들에게만 하나님의 은혜를 약속하는 종교 개념의 최종 산물이다. 율법주의 전통에 대한 철저한 준수가 바리새적 에토스(ethos)를 창조해냈다. … 바리새주의에서 [외면적 형식주의를 향한] 이러한 자연스러운 경향이 너무 강해져서 오늘날 독선적인 형식주의자나 위선자들을 묘사하는 데 바리새인이라는 이름을 사용할 정도다.[3]

이러한 율법 준수는 무거운 짐으로서 유대인들은 거기서 해방되기를 갈망했다. 구약에 등장하는 613개의 계명과 금지는 억압적인 세부 항목들로서 자세히 기록됐다. 예를 들면, 이런 것이다. 안식일에 '행위'가 되지 않으려면 몇 걸음까지 걸을 수 있는가? 이러한 명령을 준행함으로써 유대인들은

---

2. Bultmann, *Theology of the New Testament*, 1:279–80. [= 『신약성서신학』, 성광문화사, 1997].

3. Metzger, *The New Testament*, 41.

저울추의 다른 쪽에 있는 죄보다 더욱 많은, 충분한 공로를 쌓아 보고자 시도했던 것이다. 계명에 대한 인간의 순종은 구원에 있어서 매우 중차대한 일이었기에, 유대인들은 하나님의 심판을 두려워했다. 본질적으로 하나님은 유대인들을 포함하여 죄악된 인류로부터 멀리 떨어져 계셨다.

복음이 어떻게 이런 종교와 모든 면에서 대조되는지 확인하는 것은 결코 어렵지 않다.

- 은혜 대(vs.) 행위들
- 성령의 역사하심 대 율법의 무거운 명에
- 기쁨 대 고역
- 자신감 대 두려움
- '하나님이 우리와 함께 하심' 대 멀리 떨어져 있는 신

심지어 학자들은 이 시기의 유대교를 가리켜서 '말기 유대교'라고 일컬었는데, 그 이유는 당시 유대교가 심각한 쇠퇴기에 있었으며, 거의 파산 직전의 상황이었기 때문이다.

## 1977년의 대전환점

　　몇몇 학자들이 이에 대해 반대의 목소리를 냈다. 그들은 랍비 문헌들이 '계명의 기쁨'(joy of the commandments)으로 가득 차 있다는 사실을 지적했다. 계명의 부담에 대한 언급은 그리 많지 않다면서 말이다.[4] 구원은 획득하는 것이 아니며, "'장차 도래할 세상에 속한 많은 것'은 … 궁극적으로 하나님의 자유로운 은혜로 말미암은 처음 선택에 근거해서 모든 이스라엘 백성에게 이미 확보되어 있다."[5] 구원을 공로로 얻어야 한다는 개념은 유대적이지 않다는 것이다. 하지만 이러한 목소리는 바울과 신약성서를 배우는 학생들에게 별로 영향력을 발휘하지 못했다.

　　그러한 영향력은 1977년 샌더스의 책, 『바울과 팔레스타인 유대교』의 출판과 더불어 비로소 나타나게 됐다. 이 책은 기존의 일반적인 유대교 묘사에 대한 불만의 물결을 불러일으켰다. 샌더스는 하나님의 은혜에 관해 그리고 구원으로 들어가기(getting in)와 머물기(staying in)에 관해 유대인들 자신이 어떻게 생각했는지를 세밀히 분석하는 데 400여 쪽을 할애

---

4.　Schechter, *Aspects of Rabbinic Theology*, 149–69.

5.　Moore, *Judaism*, 2:95.

했다. 유대인들은 율법에 대한 순종의 행위들로 말미암아 하나님의 은혜를 얻게 된다기보다는 이스라엘을 향한 하나님의 자유로운 선택하심을 강조했다는 것이다. 유대인들은 오직 은혜로 하나님의 선택을 받은 백성이 됐다. 구원은 선물이지, 그들이 얻어내야 할 어떤 것이 아니었다.

> 나는 여호와라 내가 애굽 사람의 무거운 짐 밑에서 너희를 빼내며 그들의 노역에서 너희를 건지며 편 팔과 여러 큰 심판들로써 너희를 속량하여 너희를 내 백성으로 삼고 나는 너희의 하나님이 되리니 나는 애굽 사람의 무거운 짐 밑에서 너희를 빼낸 너희의 하나님 여호와인 줄 너희가 알지라 내가 아브라함과 이삭과 야곱에게 주기로 맹세한 땅으로 너희를 인도하고 그 땅을 너희에게 주어 기업을 삼게 하리라 나는 여호와라. (출 6:6-8)

물론 유대인들이 '토라'(Torah)라고 부르는,[6] 하나님의 율

---

6. 영어 성경 독자들은 토라를 '율법'(law)으로, 즉 법률 조항과 명령의 시리즈로 잘못 생각하고 있다. 물론 토라는 '율법'을 포함하지만, 히브리적 토라 개념은 훨씬 더 광범위하다. 토라는 가장 중점적으로는 하나님의 가르침과 교훈을 가리키며, 명령과 금지뿐 아니라 이야기, 권면, 노래, 증언 역시 포함한다.

법은 이 모든 것에 있어서 핵심적인 역할을 했으며, 실제로 유대교 안에서는 하나님의 명령에 대한 순종 주제가 집중적으로 논의됐다. 그러나 이 계명들은 부담스러운 진입 요건이 아니었다. 오히려 이스라엘은 하나님이 그 민족과 맺으신 언약을 통해 이미 '안'(in)에 있었다. 율법은 자신의 백성을 바른 길로 인도하기 위한 하나님의 지혜롭고도 완전한 규정이었다. 계명에 대한 철저한 순종은 하나님의 구원하시는 은혜로운 행위에 대한 반응으로 기대됐다. 그것은 은혜를 얻기 위한 시도가 아니었다. 민족과 개인들은 **구속함을 얻기 위해서가 아니라 구속함을 받았기 때문에 또는 구원받았기 때문에** 명령을 준행했다(이집트에서 나온 사건을 생각해 보라).[7]

## 언약적 율법주의

　언약과 명령 사이의 이러한 밀접한 관계는 그때까지의 율법주의적 유대교에 대한 일반적인 묘사와는 현저히 대조

---

7.　실제로 유대 자료들은 '구원'을 얻는 것보다는, 약속된 유산이나 땅 혹은 생명을 얻는 것에 대해 더 자주 말했지만, 나는 좀 더 일반적인 기독교 용어를 사용할 것이다.

된다. 샌더스는 이 유대 종교의 패턴에 '언약적 율법주의'
(covenantal nomism)라는 이름을 붙였다. 왜냐하면 그것은 언약
과 율법(그리스어 *nomos*)을 결합하고 있기 때문이다.

> 언약적 율법주의는 하나님의 계획 안에서 한 사람의 자리
> 매김이 언약에 근거해서 이루어진다는 견해요, 언약은 인
> 간의 합당한 반응으로서 그 계명들에 순종할 것을 요구함
> 과 동시에, 범죄함을 대속할 수단을 제공한다는 견해다.[8]

샌더스는 '머물기'를 위한 율법의 순종과 함께 '들어가
기'를 위한 언약(하나님의 은혜로운 선택)의 우위성을 강조했다.
이전의 유대교 신학에 대한 묘사들과는 반대로, 지금 여기서
중요한 것은 "순종은 한 사람이 언약 안에서 갖는 지위를 유
지해 주지만, 이 순종을 통해 하나님의 은혜 그 자체를 얻는
것은 아니다"는 인식이다.[9] 샌더스는 언약적 율법주의를 여
덟 가지의 요점으로 정리한다.[10]

---

8.   Sanders, *Paul and Palestinian Judaism*, 75 [= 『바울과 팔레스타인 유
     대교』, 알맹e, 2018].
9.   같은 책, 420, 원문의 강조는 생략함.
10.  같은 책, 422. 대괄호 안의 문장은 잉거의 것임.

1. 하나님이 이스라엘을 선택하셨다. [따라서 공로보다도 선택 또는 은혜가 유대교의 구원 개념에 있어서 근본적인 준거점이다.]

2. 그리고 하나님은 율법을 주셨다. [토라는 하나님이 이미 그들에 게 은혜로 베푸신 삶의 방식을 가르치기 위해서 이스라엘에게 허락하신 선물이다. 토라는 짐이 아니다.]

3. 율법은 이 선택을 유지하시겠다는 하나님의 약속과 더불어

4. 순종해야 한다는 요구를 암시한다. [선택을 유지하는 것은 이스 라엘의 노력에만 의존하는 것이 아니라 하나님 자신에 의해 가능하게 된 다. 그럼에도 실제적인 순종의 중요성은 절대 축소되지 않는다.]

5. 하나님은 순종에 대해 보상하시고, 범죄를 처벌하신다.

6. 율법은 속죄의 수단을 제공하며, 속죄는 결국 다음과 같은 결과를 초래한다.

7. 곧, 속죄는 언약 관계의 유지 또는 언약 관계의 재정립이라 는 결과로 이어진다. [이스라엘이 죄를 범하면 수행해야 할 회개와 희생제사 제도를 통한 규정들이 마련되어 있다.]

8. 순종, 속죄, 하나님의 자비로 말미암아 언약 안에 남아있게 된 모든 이들은 장차 구원받을 그룹에 속해 있다.


대부분의 기독교적 논의들이 (종종 '바리새주의'라고도 일컫는) 1세기 유대교를 (율법이라는) 부담을 지고 있고, 위선적이며,

율법주의적인 종교로 묘사했던 것과는 달리, 1세기 유대교는 하나님의 자비하심과 인간의 연약함에 대한 고백에 의존하는 정서를 자아내는 신앙이었다.

> 내가 넘어진다 해도,
>
> 하나님의 자비가 항상 나의 구원이 될 것입니다.
>
> 또한 내가 육체의 죄에 빠진다 해도,
>
> 나의 심판은 영원히 지속되는
>
> 하나님의 정의 안에 있을 것입니다. …
>
> 그는 자신의 진리의 정의를 기준으로 나를 판단하시며,
>
> 자신의 풍성한 선하심에 근거하여
>
> 항상 나의 모든 죄를 용서하여 주십니다.
>
> 자신의 정의에 근거하여 그는 인간의 부정함과
>
> 인간의 자손들의 부정함으로부터 나를 정결케 하십니다.
>
> (1QS 11:12, 14)[11]

> 주님, 당신께 감사를 드립니다.

---

11.  별다른 언급이 없는 한, 사해문서에 대한 모든 번역은 다음의 책으로부터 왔다. Martinez, *The Dead Sea Scrolls Translated* [= 『사해문서 1-4』, 나남, 2008].

왜냐하면 당신께서 나에게

당신의 진리를 가르쳐주셨기 때문입니다.

당신은 당신의 놀라운 신비들,

죄악된 인간을 향한 당신의 자비,

부패한 마음을 향한 당신의 풍성한 긍휼을

내게 알게 하셨기 때문입니다.

(1QH 15:26-27)


'독선적인 바리새인'에 대한 설교를 들으며 자란 우리에게 이것은 굉장히 큰 변화를 의미한다. 나의 개인적인 경험에 비추어 볼 때, 유대교에 대한 매우 상이한 이 견해가 우리의 바울 이해에 있어서 무엇을 의미하는지 전부 소화하는 데는 얼마간의 시간과 상당 정도의 성찰이 필요하다는 사실을 잘 알고 있다(이에 관해서는 다음 장에서 좀 더 자세히 다룰 것이다). 그러면 우리는 『바울과 팔레스타인 유대교』를 곧이곧대로 받아들여야 하는가? 샌더스의 이 친절하고도 부드러운 '유대교' 묘사는 옳은 것인가? ('바울'에 대한 샌더스의 견해는 또 다른 문제다. 이 문제는 나중에 다루게 될 것이다.) 학자들은 일부 세부사항들에 대해 논쟁을 계속 진행하고 있지만, 1977년 이후로 다음의 사항에 대해서는 일반적인 합의가 이루어졌다.

- 1세기 유대교는 과거에 풍자적으로 묘사된 것와 같은 율법 주의 종교가 아니었다.

- 언약적 율법주의가 당시 유대교 구원론에 대한 공정한 묘사 다.[12]

## 이것이 만드는 차이

어쩌면 당신은 바울에 관한 책에서 유대교에 대해 왜 이렇게 많은 이야기를 하는지 의아해할지도 모르겠다. '왜 유대교에 관한 새 관점이 우리, 구체적으로는 개신교인들이 바울을 이해하는 방식에 차이를 만들어 낸다는 말인가?' 개신교 구원론의 핵심 구성 요소들 중 하나는 행위가 아닌 은혜로 말미암는 구원 개념이다. 예수 그리스도 안에 나타난, 아무 공로 없이 주어지는 하나님의 은혜에 대한 이 발견은 유대교를 뛰어넘는 기독교 복음의 위대한 진전들 중 하나로 여겨져 왔다. 자유로운 은혜의 복음은 율법주의의 전형으로 여

---

12.  샌더스 이후의 논쟁에 관한 보다 자세한 내용은, Yinger, "Continuing Quest," 375–91을 참고하라.

겨지는 율법 준수에 관한 유대교의 무거운 멍에를 대체했다. 이하의 몇 가지 예시는 구원에 대한 개신교의 해석이 샌더스 이전에 유대교를 바라보던 시각에 얼마나 많은 빚을 지고 있는지 분명하게 보여준다.

바리새인과 세리 비유(눅 18:9-14)에서, 예수님은 무가치한 세리, 즉 죄를 자인하며 오직 자비를 부르짖으며 구하는 죄인과 독선적인 바리새인, 즉 자신의 종교적 업적("나는 이레에 두 번씩 금식하나이다")을 자랑하고 자기 자신을 신뢰하는 자 사이의 대조를 나타내려 하시는 듯 보인다. 예수님의 메시지(혹은 기독교 복음)는 유대교의 자부심 강한 자기 의존과는 반대로 무가치한 자들을 향해 베푸시는 자비에 근거한다는 것이다.

하지만 1세기 유대교가 공로에 대한 이러한 독선적인 자랑을 특징으로 하지 않는다면, 이 비유에 대한 우리의 해석은 어떻게 되는 것인가? 어쩌면 예수님은 샌더스의 묘사에 따른 대부분의 바리새인들의 모습을 떠나서 이 이야기를 위해 이례적인 바리새인을 택하셨던 것일 수도 있다. 하지만 통상적으로 비유는 그런 방식으로 작동되지 않는다. 주요한 요소들과 인물들은 일반적인 경험으로부터 도출된다. 만약 그렇지 않다면 비유에 나오는 놀라움은 그 효과를 발휘하지 못한다. 이 비유는 청중들의 관심을 매우 분명하게 사로잡는다. 왜냐하면 청중들은 바리새인이, 멸시받던 세리가 아니라 의로운 자들("의롭게 된 자들")에 속한다고 생각했기 때문이다. 그렇다. 지금 저 바리새인의 모습은 대부분의 바리새인이 보여주던 전형적인 모습이었을 것이다.

이 바리새인에 대한 우리의 견해를 교정할 필요가 있는가? 그는 자신이 스스로 이룬 선함을 자랑하지 않았다. 그는 자신이 죄 가운데 행하지 않은 것으로 인해 하나님께 감사했다(11절). 만일 하고자 한다면, 그가 금식과 십일조에 대해 언급했던 것을 '자기 의'(self-righteousness)로 해석할 수도 있을 것이다(12절). 그러나 만약 유대인들이 하나님의 구원하시는 자비에 대한 감사의 반응으로서 율법을 지켰던 것이라고 한다면, 어쩌면 그 바리새인은 자신의 순종을 자신의 감사에 대한 확증으로서 언급했던 것일 수도 있다. '하나님, 저를 당신의 의로운 자들 중 하나로 삼아 주심을 감사합니다. 보소서, 저는 당신의 길을 따르기 원합니다. 하나님이 명령하신 금식과 십일조를 포함하는 당신의 길을 따르기 원합니다.' 이 내러티브의 도입부("또 자기를 의롭다고 믿고 다른 사람을 멸시하는 자들에게 이 비유로 말씀하시되", 9절)도 어쩌면 율법주의적인 자기 의가 아니라 실제로는 유대교의 언약적 율법주의를 반영하는 것일 수도 있다. 그들은 "그들 스스로의 의로움을 확신하고 있었다"("were convinced of their own righteousness," NAB, 9절).
그들 스스로가 이룩한 의가 아닌, 하나님의 선택과 그에 따
른 순종을 통해 주어진 하나님의 의로운 자로서의 신분을 말
이다.[13] 이 비유에 대한 정확한 해석 여부와 상관없이, 샌더스
의 책은 상당 정도의 재검토를 요구한다.

　그러면 포도원의 품꾼들에 대한 예수님의 비유는 또 어
떠한가? 더 오래 일한 사람들은 자신들이 퇴근 시간 무렵에
고용된 사람들보다 돈을 더 많이 받아야 한다고 생각했다(마
20:1-16). 그러면 이 비유는 수입과 관련된 유대인의 사고방식
에 대한 비난인가? 아니면 이 비유는 품꾼들의 쩨쩨한 수지
타산이 아닌, 포도원 주인의 관대한 행동에 관한 것인가?
"내가 선하므로 네가 악하게 보느냐 이와 같이 나중 된 자로
서 먼저 되고 먼저 된 자로서 나중 되리라"(15-16절). 다시 말
하지만, 1세기 유대교에 대한 우리의 관점은 이 이야기를 듣
는 방식에 상당한 영향을 미치게 된다.

　이 책은 바울의 해석에 대한 책이기에 마지막 예는 바울
서신의 것으로 선택했다. 다른 어떤 신약성서 저자들보다도
바울은 행위가 아닌 믿음으로 말미암는 은혜를 통한 구원에

---

13.　이런 방식의 해석에 대해 더 알기 원하면, Holmgren, "The Pharisee
　　and the Tax Collector," 252-61을 보라.

대해 분명하게 말한다. "사람이 의롭게 되는 것은 율법의 행
위로 말미암음이 아니요 오직 예수 그리스도를 믿음으로 말
미암는 줄 알므로"(갈 2:16). 전통적으로 '율법을 행함으로 의
롭게 된다'는 것은 유대교의 율법주의를 가리킨다. 그런데
유대교가 특별히 율법주의적이지 않았다고 한다면, 도대체
바울은 지금 무슨 말을 하고 있는 것인가?

만약 실제로 1세기 유대교 신학이 특별히 율법주의적이
지 않았다고 한다면, 우리는 위 구절들과 다른 핵심 구절들
을 다시 읽어야만 할 것이고, 어쩌면 구원에 대한 기독교의
이해를 다시 그려야 할지도 모른다.

- 만약 바리새인들이 독선적 율법주의자들이 아니라고 한다
  면, 그들은 어떤 사람들이며 예수님은 왜 세리를 바리새인
  과 대조하셨던 것일까?
- 만약 유대교가 수입과 관련한 나름의 사고방식을 가지고 있
  지 않았다면, 포도원 품꾼들의 비유의 요점은 무엇인가? 은
  혜와 행위 사이의 대조가 아니라면, 무엇이란 말인가?
- 만약 유대인들이 행위를 통한 구원이 아닌 은혜로 말미암는
  구원을 가르쳤다면, 바울이 그토록 열심을 냈던 이유는 무
  엇인가?

　이러한 질문들은 결코 작은 문제가 아니다. 만약 복음이 근본적으로 은혜(기독교) 대 행위(유대교)에 관한 것이 아니라면, 도대체 무엇에 관한 것인가? (실제로 유대인들이 그렇지는 않았지만, 그들을 '율법주의자'라고 부르면서) 예수님과 바울은 그저 다른 유대인들에 대해 잘못 말했던 것인가? 복음을 유대교 율법주의 및 바리새적 자기 의와 대조함으로써 우리가 복음을 이해하는 데 도움을 주었던 주석들과 책들 그리고 설교들은 또 어떻게 이해해야 하는가? 그 모든 것들이 다 틀렸다는 말인가?

　우리가 보게 되겠지만, 대부분의 새 관점 지지자들은 종교개혁을 뒤엎을 생각이 없다. 그럼에도 불구하고 이제 당신은 왜 1세기 유대교에 대한 이해가 바울과 기독교 복음 이해에 커다란 차이를 만들어내며, 새 관점이 왜 중요한 문제인지 알게 될 것이다. 그래서 이제 다음에 당신이 '유대인의 율법주의'에 관해 읽거나 행위로 구원을 얻고자 하는 바리새인을 언급하는 메시지를 들을 때면 붉은 깃발을 올려야 한다(주의를 기울여 보아야 한다는 의미—역주).

# 제3장
# 바울에 관한 새 관점의 시작:
# 제임스 D. G. 던

비록 샌더스의 1977년 작품은 바울 해석에 어느 정도 관심을 기울이기는 했지만(실제로 그 책의 약 25%만이 바울에 관한 내용이다), 오늘날 '바울에 관한 새 관점'으로 알려진 사조의 시작을 알린 것은 제임스 D. G. 던(James D. G. Dunn)의 1982년 강연이었다.[1] 던은 『바울과 팔레스타인 유대교』가 자신의 사고를 형성함에 있어서 중추적인 역할을 했다는 사실을 인정했다. 그는 그 책이야말로 지난 수십 년간 등장했던 책들 가

---

1.   이 강연은 "The New Perspective on Paul"이라는 제목으로 처음 출간됐고(1983), 이후에 업데이트되어서 Dunn, *Jesus, Paul, and the Law*, 183–214, 그리고 *The New Perspective on Paul*, 99–120에서 재출간됐다. [= 『바울에 관한 새 관점』, 감은사, 2018].

운데 '틀을 깨뜨리고' 바울신학을 크게 재고하도록 요구한
유일한 책이라고 말했다. 그 책 덕분에 우리는 바울의 생각
을 율법주의적 유대교의 반제(antithesis)로 해석하는 대신(좀
더 전통적인 접근), 이제 바울을 진정한 유대교 배경 안에서, 곧
유대교 신학자였고 또한 선교 사역 전반에 걸쳐 여전히 유대
교 신학자로 남아 있었던 기독교 사도로서 해석할 수 있게
됐다.

## 좀 더 유대적인 바울

하지만 던에 의하면 샌더스는 바울과 유대교 사이의 연
속성을 보는 데 실패했다. 샌더스의 주장에 따르면, 바울은
그리스도 안에서 완전히 새로운 종교의 패턴을 발견했다. 구
원은 더 이상 유대 언약과 아무런 상관이 없으며 그리스도와
의 연합과 관련된다는 것이다. 던에게 있어서, 샌더스의 바
울은 유대교의 뿌리와 너무나도 단절되어 있었고, 너무나 독
특한 것이었다. 게다가 모나 후커(Morna Hooker)가 말했던 것
처럼, 언약적 율법주의는 구원에 대한 바울의 관점과 그렇게
멀리 떨어져 있는 것 같지 않다. 바울과 유대교는 모두 (그리
고 개신교 개혁자들 역시도) 은혜로 말미암아 들어가고, 또한 최

종적 목표에 이르기까지 계속 순종이 필요하다고 생각했다.[2]

> 무엇보다 유대교는 은혜의 종교로서, 인간의 순종은 언제
> 나 그 은혜에 대한 반응으로서 이해된다. … 다소 놀랍게
> 도, 샌더스가 '언약적 율법주의'라고 불렀던 것에 대한 그
> 림은 전형적인 종교개혁 신학에서 말하는 선행에 대한 관
> 점과 비슷하다. 선한 행위들은 그것을 통해 은혜를 획득하
> 려는 수단이 아니다. 선행은 결과이며, 하나님의 은혜의 역
> 사인 것이다. … 샌더스가 언약적 율법주의라고 명명한 유
> 대교는 이제 바른 개신교 교리를 설교하는 것으로 보여질
> 수도 있다. 인간의 노력은 언제나 하나님의 주도권에 대한
> 응답이다. 선행은 열매이지 구원의 근거가 아니다.[3]

던은 샌더스가 종교 패턴의 단순한 전환을 주장하기 위해 바
울과 유대교의 언약적 율법주의 사이의 관계에 대한 탐구를
너무도 빨리 포기해 버렸다고 비판했다.

---

2.　Hooker, "Paul and 'Covenantal Nomism,'" 47–56.

3.　Dunn, "The Justice of God," 7–8.

## 던이 말하는 '행위가 아닌 믿음으로'

따라서 던의 새 관점은 바울신학을 좀 더 유대교의 언약적 뿌리와의 연속성 안에서 해석하고자 시도한다. 던은 대표적인 예로서 갈라디아서 2:16을 탐구한다.

> 사람이 의롭게 되는 것은 율법의 행위로 말미암음이 아니요 오직 예수 그리스도를 믿음으로 말미암는 줄 알므로 우리도 그리스도 예수를 믿나니 이는 우리가 율법의 행위로써가 아니고 그리스도를 믿음으로써 의롭다 함을 얻으려함이라 율법의 행위로써는 의롭다 함을 얻을 육체가 없느니라.

전통적으로 '행위에 의해서가 아니라 믿음으로 말미암아 의롭게 된다'는 말은 그리스도 안에서 발견한 바울의 새로운 이해와 과거 그의 유대적 관점 사이의 극명한 불연속성을 가리키는 것이었다(믿음 대 행위, 믿는 것 대 행하는 것). 그런데 던은 갈라디아서 2:16에 있는 "행위가 아니라 믿음으로 말미암아"라는 말이 바울 및 다른 기독교 유대인들이 **공유하는** 확신을 가리킨다는 점에 주목했다(안디옥에서 베드로와 유대주의 반대자들처럼; 참고, 11-15절). 그것은 서로 다른 견해가 아니다. "우리는 본래 유대인이요 이방 죄인이 아니로되 우리는 그리스도 예수에 대한 믿음을 배제한 율법의 행위들로써는 의롭게 될 수 없음을 안다"(갈 2:15-16 던의 번역: '믿음 없이 행위만으로는 의롭게 되지 못한다'는 뜻으로, 믿음과 행위가 반제가 아니라, 상호 보완적인 관계가 됨—편주).[4] 칭의는 "이스라엘을 백성 삼으시는 하나님의 인정, 이스라엘과 맺은 하나님의 언약의 토대 위에서 이스라엘을 위하시는 하나님의 판결"을 가리키는 유대인들의 언약적 범주다.[5] 그것은 '본래 유대인'인 자들을 비유대인들, 즉 '이방 죄인'과 구분하는 하나님의 표시다. 이신칭의를 분명하게 바울의 비유대적인 신념으로 간주하는 샌더스 및 전통적 바울 해석과는 달리, 던은 바울 및 기독교인이 된 유대인 반대자들이 이 문제에 대해 동의했을 것이라고 생각한다.

---

4.  좀 더 자세한 내용은, Dunn, *Jesus, Paul, and the Law*, 189-200을 참고하라.
5.  같은 책, 190.

## "율법의 행위들"

그들이 서로 동의하지 않는 지점은 '율법의 행위들'(works of the law)의 역할에 관한 것이다. 샌더스 이전까지, 이 어구는 구원을 얻기 위해 행위를 하는 유대교 율법주의를 가리켰다. 하지만 던은 이 어구가 행위-의(works-righteousness)를 가리키는 것이 아니라, 고대 세계에서 유대인의 정체성의 표지 역할을 했던 특정한 율법에 대한 준수를 가리킨다고 주장한다. 바울이 베드로와 대면했던 안디옥 사건(갈 2:11-15)에서는 음식법이 문제였다(특히 12절을 보라. "게바가 이방인과 함께 먹다가"). 갈라디아서의 다른 곳에서는 할례가 중심적인 역할을 한다. 안식일 준수와 더불어 이것들(음식법과 할례—역주)이 관습들, 곧 '율법의 행위들'이다. 이것들은 이스라엘의 언약 백성의 일원이 되는 것에 관한 가장 특징적인 표지였다. '율법의 행위들'은 율법주의에 대한 정형화된 어구보다는 사회학적 범주로 바라볼 때 그 의미가 좀 더 명확하게 이해될 수 있다. 이 말은 한 무리의 사람들, 즉 이러한 '율법의 행위들'의 관습을 통해 정체성을 확인했던 유대인들을 가리키고 있다.

'율법의 행위들'에 대한 영어 번역본에 관한 주

영어 성경을 읽는 독자들은 자신들이 읽는 번역본이 '율
법의 행위들'에 대한 특정한 이해를 사전에 결정지을 수
도 있다는 사실을 인식해야 한다. 바울은 갈라디아서 2:16
에서 "율법의 행위들로"(*ex ergōn nomou*) 의롭다 함을 얻는 것
에 대해 말한다. 이 어구(*ex ergōn nomou*)는 다소 중립적으로
"율법의 행위들로부터(out of [or from])" 혹은 "율법의 행위들
에 의해(by)"로 번역할 수 있다. 소수의 번역본들만이 이 어
구를 그대로 남겨두었다(NRSV 상반절; KJV; NAB; NASB; ESV).
그러나 많은 번역본들은 이 어구를 사람이 의롭게 되기 위
해 **행하는 것**을 지칭하는 것으로 받아들인다.

- justified *by doing* the works of the law("율법의 행위들을
  **행함으로써** 의롭게 된다", NRSV 하반절).
- justified *by observing* the law("율법을 **준수함으로써** 의롭게
  된다", NIV)
- justified *by obeying* the law("율법에 **순종함으로써** 의롭게 된
  다", NLT)[6]

이 세 가지 영어 번역본은 독자들로 하여금 바울이 인간
의 행함이나 순종을 자신의 칭의를 얻기 위해 추구하는
(율법주의적인) 수단으로 말하고 있다고 생각하도록 만든다.

> 좀 더 중립적인 번역본은 새 관점 쪽이든, 전통적 해석 쪽
> 이든 그 의미의 가능성을 열어둔다. 이는 더 큰 맥락을 어
> 떻게 읽느냐에 달려 있다.

던은 다른 유대 문헌들에서 그 어구가 비슷한 용례로 사용된 경우를 근거로 '율법의 행위들'에 대한 자신의 이해를 강화했다. 수많은 사해문서는 '율법의 행위들'에 대한 히브리어 동의어를 특정 종파의 특징적 관습들을 묘사하는 데 사용했다. 이러한 관습들, 즉 이 '율법의 행위들'을 통해, 누가 그 종파에 속하는지, 그리고 누가 속하지 않는지의 여부가 분명해진다. 이 어구는 공로 신학을 제안하는 것이 아니라, 하나님의 참된 제자를 어떻게 확인할 수 있는지 말해준다는 것이다. 갈라디아서에서 "율법의 행위들에 속한 자들"을 "믿음에 속한 자들"과 대조할 때, 바울 역시 동일하게 이해하고 있다(갈 3:9-10).[7]

---

6. 메시지 성경(The Message)에서 유진 피터슨(Eugene Peterson)이 다른 말로 바꾸어 표현한 것(paraphrase)은 다양한 율법주의적인 방식들을 암시한다: "규칙 지키기를 통해서", "자기 계발을 통해서", "좋은 사람이 되려고 애씀으로써".

7. 이것은 고전 1:12에서 바울이 그룹들을 규정하는 방식과 유사하다. "나는 바울에게, 나는 베드로에게" 등. 누군가 혹은 무엇인가 '~의'(of) 것이 된다는 것은 "나는 이 그룹에 속한다"는 것을 말하는 또 다른 방

이처럼 바울은 자신의 입장을 반대자들의 입장과 구별하면서 '율법의 행위들에 의한 것이 아니라'(not by works of the law)라는 어구를 사용한다. 우리는 던의 이해를 따라서 이 어구를 이렇게 다시 표현할 수 있을 것이다. '유대인들과 동일시되는 것을 통해서가 아니라' 또는 더 간략하게 말해서, '유대인이 됨으로써가 아니라'. 바울이 자신의 유대적 전통과 근본적으로 다른 지점은 은혜, 믿음, 구원에 있어서 순종의 역할에 있는 것이 아니라, 구원과 유대인이 되는 것이 서로 연관되는지의 여부에 있다. 유대교의 언약적 율법주의에서는 하나님이 이스라엘을 선택하신 것이 근본적인 요소다. 하나님의 구원 역사는 오직 자신의 언약 백성을 향한 것이었다. 이 구원에 참여하기 위해서는 이 백성의 일원이 되어야만 했다. 바로 이것이 갈라디아에 있던 바울의 반대자들이 요구했던 것이다. 즉, 할례받지 않은 이방인 개종자들은 할례를 통해서 언약 백성에 들어올 수 있다는 것이다. 그들은 "할례를 받게 하려 했다"(갈 6:12). 그들은 어찌됐든 하나님 자신이 이 정체성 표지가 영원할 것이라고 말씀하지 않았느냐

---

식이다. 그러므로 '율법의 행위들'은 단지 하나의 그룹이 식별되는 방식일 수도 있다. 그래서 바울은 칭의는 더 이상 토라당(Torah-party)과의 동일시를 통해서가 아닌, 그리스도와의 동일시를 통해 이루어진다고 말했던 것이다.

며 논쟁을 벌였을 법도 하다.

> 너희 중 남자는 다 할례를 받으라 이것이 나와 너희와 너희
> 후손 사이에 지킬 내 언약이니라. … 이제 내 언약이 너희
> 살에 있어 영원한 언약이 되려니와(창 17:10, 13).

하지만 바울은 이 점에 대해서 매우 단호하다. 의롭다 함
을 받아 하나님의 구원받은 백성의 일원으로 간주되는 것은
더 이상 유대인이 되는 것과 관련되지 않는다. 실제로 바울
은 "너희가 만일 할례를 받으면 그리스도가 너희에게 아무
유익이 없으리라"라고 말했다(갈 5:2). 그리스도가 오신 후로
하나님의 백성에 속하는 자들의 유일한 정체성 표지는 '그리
스도를 믿는 믿음'이다. 바울은 문제를 제기할 때, '우리조차
도', 즉 이미 유대 언약 백성의 일원인 우리조차도 "그리스도
예수를 믿는데, 이는 우리가 율법의 행위에 의해서가 아니라
그리스도를 믿음에 의해서 의롭다 함을 얻으려 함이다. 율법
의 행위에 의해서는 의롭다 함을 얻을 육체가 없다"라고 말
한다(갈 2:16).

비록 이 중요한 어구 '율법의 행위들'이 바울서신에 자주
등장하지는 않지만(8회), 그것의 중요성은 이 완전한 어구에

대한 일종의 줄임말로서 빈번하게 등장하는 '율법' 또는 '행위들'이라는 단어들 자체에 존재한다. 그래서 예를 들어, 바울이 "율법을 통해 의롭게 되는 것"(갈 2:21) 또는 "율법에 의해서"(3:11)라고 말할 때, 바울은 율법을 지킴으로 말미암는 공로 구원을 위해 수행되는 개인적 노력이 아니라, 하나님의 백성의 일원이 되는 것은 오직 토라와 동일시되는 자들에게 속한 것이라는 유대적 확신을 염두에 두고 있는 것이다. 거기서 구원 혹은 칭의는 오직 '율법(의 행위들)을 통해서' 이루어진다.

## 핵심 질문은 무엇인가?

따라서 이러한 바울서신 본문에서 이루어지고 있는 답변의 중심 질문은 루터의 고뇌에 찬 질문, 즉 "어떻게 죄인인 내가 은혜로우신 하나님을 찾을 수 있을까?"가 아니라, "누가 의로운 자의 무리에 속하며, 하나님의 구원받은 백성에 속하는가?"라는 질문이다.[8] 그러므로 바울은 지금 '내가 구

---

8.   스텐달(Krister Stendahl)은 루터의 내면적 양심과 바울의 좀 더 공동체적인 관심 사이의 이러한 차이를 지적했다. Stendahl, "Introspective

원을 받기 위해 어떻게 해야 하나요?'라는 질문에 대해서 답변을 준다고 생각하면서 바울서신을 읽는 것은 이 사도의 주된 의도를 올바르게 파악하지 못한 것이다. 도리어 바울의 편지에서 구원이나 칭의를 다루는 부분들은 대개 '어떻게 이방인들이 이스라엘을 향한 하나님의 구원의 은혜에 참여할 수 있는가?'라는 질문에 대한 답변인 것이다. 일단 한 구절을 읽고, 그 구절을 이 두 가지 다른 질문과 나란히 놓고 비교해 보는 것이 도움이 될 수도 있을 것 같다.

> 그런즉 자랑할 데가 어디냐 있을 수가 없느니라 무슨 법으로냐 행위로냐 아니라 오직 믿음의 법으로니라 그러므로 사람이 의롭다 하심을 얻는 것은 율법의 행위에 있지 않고 믿음으로 되는 줄 우리가 인정하노라 하나님은 다만 유대인의 하나님이시냐 또한 이방인의 하나님은 아니시냐 진실로 이방인의 하나님도 되시느니라 할례자도 믿음으로 말미암아 또한 무할례자도 믿음으로 말미암아 의롭다 하실 하나님은 한 분이시니라 (롬 3:27-30)

---

Conscience," 78-96 [=『유대인과 이방인 사이에 있는 바울』, 감은사, 2021].

전통적인 해석은 '자랑'(boasting)을 율법이나 행위 원칙 순종에 대한 자기 자랑으로 읽는다. 그것은 자기 의에 대한 자랑이다. 믿는 것은 행하는 것과 대조되기 때문에 믿음은 그러한 자랑을 배제한다(믿음 대 행위). 믿는 자는 오직 어떠한 행함과도 완전히 별개로('행위들과는 별개로') 의롭게 되는 것이기 때문에 그러한 자랑은 가능하지 않다. 이는 유대인들과 이방인들에게 똑같이 적용된다. 왜냐하면 둘 다 행함으로가 아니라 믿음으로 말미암아 의롭게 되기 때문이다.

새 관점의 읽기는 이 '자랑'을 유대인들의 언약적 특권에 대한 자랑으로 간주한다. 그러한 자랑은 '믿음의 법', 즉 새로운 정체성 표지인 메시아 예수를 믿는 믿음에 의해 배제된다. 유대인이 되라는 요구 없이 비유대인들에게 구원의 문을 여는 바로 이것이 하나님은 더 이상 '유대인만의' 하나님이 아니라고 바울이 분명히 말했던 이유다.

여기까지가 1980년대 초반에 던이 주창한 새 관점의 내용이다. 이후로도 던은 왕성한 저술 활동을 하는 가운데 가장 널리 알려진 새 관점의 지지자로 남아 있다.[9] 그러나 그는

---

9.　비판자들과의 상호작용을 포함해서, 던의 입장에 대한 업데이트된 표현을 보려면, Dunn, "The New Perspective on Paul: Whence, What and Whither?" 1-97 [=『바울에 관한 새 관점의 기원, 정의, 미래』(가제), 감은사, 2023 출간 예정]을 참고하라.

결코 새 관점 옹호자들 가운데 유일하게 알려진 사람은 아니며, 그의 입장이 유일한 새 관점의 입장도 아니다. 다음 장에서 살펴보게 되겠지만, 사실 바울에 관한 새 관점 안에는 다양한 관점들이 존재한다.

# 제4장
## 새 관점의 확산과 변이들:
## 다양한 형태의 새 관점

N. T. 라이트

　새 관점이 무엇인지에 대해 배우는 학생들이 새 관점의 '시작'과 관련해서 제임스 던의 저작을 지목한 것은 올바른 것이지만, 새 관점의 '확산'과 관련해서는 성공회 주교이자 신약성서 학자인 N. T. 라이트(N. T. Wright)가 그야말로 대세였다. 실제로 라이트는 1978년 자신의 소논문에서 던 이전에 이미 '새 관점'이라는 어구를 사용했던 것으로 보인다. 그 소논문에서 라이트는 "바울과 관련한 다른 문제들에 관한 **새 관점**을 … 제공하는 바울을 바라보는 새로운 방식"을 제안

했다.[1] 라이트의 저작은 바울에 관한 새 관점의 주요한 표현
을 구성한다. 라이트의 입장 가운데 특징적인 한 가지는 바
울신학을 이스라엘과 함께하시는 하나님의 역사라는 더 넓
은 성경 이야기(내러티브) 속에 위치시키는 방식이다.

인류와 피조물을 향한 하나님의 의도는 아담의 죄로 말
미암아 일시적으로 탈선하게 됐다(창 1-11장). 이 딜레마에 대
한 해결책은 아브라함의 가족, 곧 이스라엘이다. 그들을 통
해 하나님의 복이 모든 인류에게 확장됐다(창 12장). 그러나 유
대인들 역시 세상을 향해 하나님의 복을 전하는 도구로서의
역할을 수행하는 데 실패했다. 그들은 열방의 빛이 되지 못
하고 언약적 의무들로부터 벗어나 결국 유배를 당하게 된다.
따라서 하나님이 원래 아담에게 의도하셨던 역할은 이스라
엘의 대표자에게 맡겨지게 된다. 메시아 예수님은 이스라엘
이시며, 아브라함의 씨이고, 하나님의 아들이시기에, 그분의
순종, 죽음, 부활은 곧 이스라엘의 순종, 죽음, 부활이다. 예
수님은 이스라엘과 인류를 향한 하나님의 언약적 행동의 절
정이시다(아담). 주목할 것은, 라이트에게 있어서 이 이야기는

---

1.   Wright, "The Paul of History and the Apostle of Faith," 64 (강조는
     추가된 것임). 라이트의 최근 입장에 대한 언급을 보려면, Wright,
     "Redemption from the New Perspective?"를 참고하라.

죄에 빠진 개인들이 유죄 판결로부터 구출되는 것이라기보
다는(물론 라이트에게 있어서 결국에는 이것과 관련되어 있지만),[2] 이스
라엘을 통해 모든 피조 세계를 향한 하나님의 목적을 성취하
는 것에 대한 이야기다.

방금 전 유배에 대한 언급은 라이트의 새 관점의 또 다른
특징을 보여준다. 샌더스는 바울이 먼저 그리스도를 발견한
후에 이스라엘이 어디에서 구원되어야 하는지 깨닫게 됐다
고 생각했다. 샌더스가 말하는 바에 따르면 바울의 사고는
해결책(solution)에서 비참한 곤경(plight)으로 이동했다. 라이트
는 바울이 당대의 다른 유대인들과 마찬가지로 이스라엘이
구원되어야 할 곤경에 대해 매우 잘 알고 있었다고 주장했
다. 그 곤경은 국가적 불순종의 결과로서 얻게 된 유배라는
신명기적 저주였다.

> 여호와께서 너희에게 선을 행하시고 너희를 번성하게 하
> 시기를 기뻐하시던 것 같이 이제는 여호와께서 너희를 망
> 하게 하시며 멸하시기를 기뻐하시리니 너희가 들어가 차

---

2.  이 슬픈 상황[이스라엘의 유배 상황]은 개인으로서의 유대인들의 현
    재적 죄악을 포함하기 때문에, 일반적인 '루터파적' 읽기가 이 분석에
    포함될 수 있다(Wright, *The Climax of the Covenant*, 261).

지할 땅에서 뽑힐 것이요 여호와께서 너를 땅 이 끝에서 저
끝까지 만민 중에 흩으시리니 네가 그곳에서 너와 네 조상
들이 알지 못하던 목석 우상을 섬길 것이라. (신 28:63-64)

물론, 1세기의 모든 유대인들이 외국 땅에서 말 그대로
유배 생활을 했던 것은 아니었다. 그러나 유대, 갈릴리, 사마
리아에 있던 유대인들조차도 아브라함의 자손들에게 약속됐
던 방식으로 '그 땅을 차지'하지는 못했다. 로마의 통치라는
현실은 이스라엘이 언약을 깨뜨린 결과로서 여전히 약속의
성취를 기다리고 있는 처지임을 날마다 상기시켜 주었다.

그런데 이 민족, 이스라엘은 어떤 방식으로 하나님의 언
약을 깨뜨렸는가? 이스라엘의 실패는 "율법주의"나 "행위-
의"가 아니라, "민족적 의, 곧 … 육신적인 유대인 자손이 하
나님의 참된 언약 백성의 일원이 됨을 보증한다는 믿음"에
놓여 있었다.[3] 다른 곳에서 라이트는 이것을 '민족적 특권 헌
장'(charter of national privilege)이라고 부른다. 이스라엘은 열방
의 빛으로서 소명을 성취하기보다는 스스로 하나님의 복을
독점적으로 소유하고 있으며, 오직 이스라엘의 일원이 된 사
람들만이 (할례를 통해 남성들에게 표시된) 이 같은 복을 누릴 수

---

3.   Wright, "The Paul of History and the Apostle of Faith," 65.

있다고 생각했다. (이것은 던이 '율법의 행위들'을 이해한 방식과 일치
한다.) 그러나 세례 요한은 이미 이스라엘 민족을 향해 이렇게
말했다.

> 속으로 아브라함이 우리 조상이라고 생각하지 말라 내가
> 너희에게 이르노니 하나님이 능히 이 돌들로도 아브라함
> 의 자손이 되게 하시리라 이미 도끼가 나무 뿌리에 놓였으
> 니 좋은 열매를 맺지 아니하는 나무마다 찍혀 불에 던져지
> 리라. (마 3:9-10)

## 바울에 관한 새 관점: 주류

이렇게 라이트와 던은 새 관점으로 알려진 주류의 기초
를 놓았다. 그래서 때로는 단순하게, (샌더스-)던-라이트 궤도
(trajectory)라고 부르기도 한다. 학생들은 이 두 학자가 바울과
유대교에 관한 모든 부분에서 같은 의견을 개진한 것이 아니
라는 사실을 꼭 알아야 한다. 예를 들어, 던은 이야기 또는 내
러티브의 사용에 있어서 라이트보다는 좀 더 신중한 입장이

며,[4] 라이트는 던의 갈라디아서 3:10-14의 주석에 동의하지
않는다.[5] 그럼에도 불구하고, 새 관점의 주류의 입장은 충분
히 분명하다.[6]

1. 1세기 유대교는 율법주의라기보다 언약적 율법주의로 특징
   지어진다. 하나님의 은혜로 구원받고 이제 하나님의 길을 따
   를 의무가 부여된다는 것이다.

2. 유대인들은 행위-의를 신봉하지 않았고 바울은 그의 편지에
   서 율법주의를 반대하지 않았다.

3. 대신에 진정한 문제는 사회적 정체성의 문제였다. '누가 하
   나님의 백성에 속하며, 이를 어떻게 알 수 있는가?' 즉, 아브
   라함의 약속을 상속받기 위해서는 유대인이 되어야 하는가
   (즉, 할례를 받고, 음식법을 지키고, 안식일을 기념하는 등)?

4. 바울은 은혜, 믿음, 구원에 있어서 행위들의 역할에 관해 대
   부분의 다른 유대인들과 생각이 다르지 않았다. 다른 점이라

---

4.    Dunn, "Narrative Approach to Paul," 217-30.

5.    "Tortuous and improbable," Wright, *The Climax of the Covenant*, 153.

6.    아래의 요점 1-3항은 새 관점에 대한 웨스터홈(Westerholm)의 요약과
      상당 부분 일치한다. Westerholm, *Perspectives Old and New on Paul*,
      249-58. 더불어 최근의 요약인 Dunn, *The New Perspective on Paul
      Revised Edition*, 16-17도 참고하라.

면, 예수 그리스도가 이스라엘의 메시아이며 모든 창조 세계의 주님이시라는 확신이다. 더 이상 토라는 하나님의 행하심에 있어서 결정적인 중심이 아니다. 이제 중요한 것은 그리스도에게 속하는 것이다.[7]


## 추가적인 옹호자들


그 뒤를 잇는 일군의 저자들은 이 해석학적 틀을 채용하여 다양한 측면들을 다듬었다. 예를 들어, 갈링톤(Don Garlington)은 "믿음의 순종"(롬 1:5; 16:26)이라는 바울의 어구의 중요성을 연구했다. 그의 저작은 칭의의 종말론적 특성, 곧 이미/아직이라는 특성을 강조했다. 신자들은 그리스도를 믿는 믿음을 통한 은혜에 의해 이미 의롭게 됐다. 그러나 신자들은 여전히 최종적 칭의(또는 신원, 최후의 진노로부터의 구원)를 기다리고 있다. 갈링톤에 의하면 이는 그리스도의 모든 유익이 오직 '그리스도 안에서'(in Christ), 즉 오직 그리스도와의 연합을 통해서 가능하다는 것을 알게 될 때 이해하게 된다. 그러

---

7.    이 마지막 요점에 대해서는, 본서 제3장의 "율법의 행위들" 단락을 보라.

므로 바울에게는 그리스도 안에서 믿음의 여정을 시작하는 것뿐 아니라, 끝까지 "믿음의 순종" 안에서 인내하는 것, 즉 "그리스도 안에" 머무르는 것도 똑같이 필요하다.[8]

나의 책 역시 분명 새 관점 진영에 속한다. 특히, 『바울, 유대교, 그리고 행위에 따른 심판』(*Paul, Judaism, and Judgment According to Deeds*)이라는 책은 바울이 최종적 구원에서 행위들 또는 순종의 역할에 있어서 자신의 유대적 신념들을 깨뜨리지 않았음을 보이고자 시도했다. 그리스도를 믿는 신자들은 (구원을 위해) 그들의 행위에 따라 심판받을 것이라는 바울의 주장은 그가 이전에 배웠던 (유대교의) 언어와 개념 모두를 다시 반복한 것이다.

> 이는 우리가 다 반드시 그리스도의 심판대 앞에 나타나게 되어 각각 선악 간에 그 몸으로 행한 것을 따라 받으려 함이라. (고후 5:10)

---

8.  Garlington, *The Obedience of Faith*.

# 새 관점들: 둘 이상의 관점들?

　　이 분야에 뛰어들어 공부하는 학생들에게 좀 더 혼란스러운 현실 가운데 하나는 바울에 관한 새 관점들의 다양성이다. 그렇다. '관점들'(perspectives), 복수형이다. 어떤 저자도 다른 이의 복제 인간일 수 없다. 그래서 학자들은 어떤 권위 있는 입장이 한 가지만 있지 않다는 사실을 강조하기 위해서 '**이른바**(so-called) 바울에 관한 새 관점'이라고 언급하기도 한다. 2003년에 라이트가 지적했던 것처럼, "새 관점을 지지하는 저자들의 숫자가 많아지는 만큼, 수많은 '새 관점'의 입장들이 존재하게 될 것이다. … 그래서 나는 그것들 대부분의 의견에 동의하지 않는다."[9] 물론 다음 이어지는 내용이 모든 변형들에 대한 광범위한 연구는 아니지만, 다양한 발전들에 대해 소개를 하고자 한다. 한 가지 기억할 것은, 앞으로 언급될 사람들이 자신들에게 새 관점이라는 딱지를 붙이는 것에 대해 모두 동일하게 달가워하지는 않을 것이라는 사실이다.

### 사회적 해석

　　사회적 정체성의 중요성은 이미 던과 라이트의 저작에서

---

9.　Wright, "New Perspectives on Paul."

도 분명히 드러났다. '율법의 행위들'은 신학 못지않게 사회적 위치(언약 공동체의 일원이 됨)와 연관된다. 일부 저자들은 그러한 사회적 현실이 바울에게 훨씬 더 중요하며, 그래서 실제로 그것은 사도의 신학적 관심의 중요성을 능가할 수도 있다고 주장하기까지 한다. 프랜시스 왓슨(Francis Watson)에 의하면, 바울은 신학적 논점들을 가지고 논쟁하기보다 자신이 세운 새로운 이방인 신앙 공동체들을 세우고 지키는 데 훨씬 많은 관심을 기울였다는 것이다. 사실, 신학적 논쟁은 실제적인 이유들 때문에 수행됐다. 즉, 그것은 다른 사람들의 눈에 바울의 새로운 공동체들을 정당화하기 위한 수단이었던 것이다.

> 유대교와 율법을 논함에 있어서 바울의 유일한 목적은 이방 기독교 교회들을 유지하고, 이 교회들이 유대교 공동체로부터 분리되는 것을 막는 것이다. 이 목표를 이루기 위해 바울은 다양한 방식의 이론적 정당화를 사용한다. 이 다양한 방식이 순수 이론으로서 항상 서로 양립 가능한 것은 아니지만, 모두 동일한 실제적 목표에 기여한다.[10]

---

10.    Watson, *Paul, Judaism, and the Gentiles*, 22.

왓슨은 종교개혁의 특징, 곧 명료한 신학적인 접근 방식을 포기할 것을 요구한다. 바울은 쫓기는 가운데 신학적 주장들을 정리한 것이었기 때문에, 말하자면 더욱 관심의 무게를 두었던 부분은 자신이 세운 공동체들을 지키는 것이었기 때문에, 완벽히 조화를 이루는 바울신학을 구성하려는 시도는 불가능하진 않더라도, 어려울 것이다.

### 비-체계적인 바울

바로 위의 마지막 문장은 또 다른 발전으로 인도한다. 그것은 비일관적인 (또는 심지어 통일성 없는) 바울이라는 입장이다. 다른 대부분의 새 관점 지지자들과 마찬가지로, 핀란드의 루터교인 헤이키 레이제넨(Heikki Räisänen)은 언약적 율법주의를 1세기 유대교 구원론에 대한 적절한 묘사로 여기며, 그러한 관점에 기초하여 바울을 이해하고자 시도한다.[11] 전통적 해석은 불연속성(바울의 은혜 대 유대교 율법주의)을 강조하고 다른 새 관점 저자들은 연속성을 강조하는 데 반해, 레이제넨은 바울이 체계적/일관된 사상가라는 양쪽 모두의 전제에 이의를 제기한다. 실제로, 레이제넨은 바울서신에서 유대교 율법에 대한 바울의 태도가 긍정과 부정 사이를 왔다갔다 한

---

11.    Räisänen, *Paul and the Law*.

다고 주장한다. 율법은 우리가 그것으로부터 자유케 되어야할 노예화하는 힘이 될 수도 있고("종의 멍에", 갈 5:1) 선하고 영적인 실체가 될 수도 있다(롬 7:12, 14). 율법의 유효성은 끝났지만(롬 10:4), 기독교인들은 여전히 율법을 성취하도록 부르심을 받았다(롬 13:8-10). 이러한 내적 모순의 이유는 간단하다. "우리는 하나님이 그리스도 안에서 행하신 것으로 인해 신적 제도(율법을 가리킴—역주)가 폐하여진 문제를 해결하기 위해 애쓰고 있는 바울을 보게 된다."[12]

### 반제국주의적 바울

원래부터 새 관점의 발전과 연관됐던 것은 아니지만 바울서신을 해석하는 또 다른 (새로운) 접근 방식은 새 관점과 어느 정도 겹치면서 특정한 새 관점 진영의 표현 방식에 영향을 미쳤다. 그것은 바로 반제국주의적 해석(anti-imperial interpretation)이다. 곧, 예수님이 주님이시라는 바울의 메시지와 더불어 하나님이 현재와 미래의 왕이라는 예수님의 메시지('하나님의 나라')는 로마 제국주의적 이데올로기를 대항하는데 주된 목적이 있다는 것이다. 카이사르가 왕이 아니라 하나님이 왕이시다. 황제가 만유의 구주가 아니라 예수님이 만

---

12.    Räisänen, *Paul and the Law*, 264-65.

유의 구주이시다.[13] 라이트는 초기에 자신의 새 관점 입장을
확실히 부정하지는 않았지만, 이제는 좀 더 광범위한 접근을
더 선호한다. 그것은 이 반제국주의적 입장을 통합한 '신선
한 관점'(fresh perspective)이다.[14] 곧, 바울의 관심은 단지 이스
라엘 안에서/이스라엘을 위한 하나님의 역사하심에 머무르
는 것이 아니라, 로마 제국과 창조 세계 전체 안에서의 하나
님의 역사와 더 깊이 관련된다는 것이다. 성경의 하나님은
그저 개인들이나 사람들을 구원하는 것 이상의 일을 하신다
(물론 하나님은 그 일들 역시 감당하고 계시지만 말이다). 하나님은 이
세상과 우주를 향한 당신의 통치를 회복하기 위해 일하신다.

### 두 언약

때때로 새 관점과 연관되는 또 다른 발전들은 두 언약 구
원론(two-covenant soteriology)의 변형들을 포함한다.[15] 유대교에

---

13. 다시 말하지만, 학생들은 모든 반제국주의적 해석자들을 새 관점 진
    영에 욱여넣지 않도록 주의해야 한다. 리처드 A. 호슬리(Richard A.
    Horsley)는 "바울의 복음은 유대교가 아니라 로마 제국주의 질서에
    반대한다"라고 말하면서 다른 방향으로 나아간다("Introduction" in
    *Paul and the Imperial Order*, 3).

14. Wright, *Paul: In Fresh Perspective* [=『톰 라이트의 바울』, 죠이선교회,
    2012]; 특히, 제4장 "복음과 제국"(Gospel and Empire)을 참고하라.

15. 특히, Gager, *Origins*, 그리고 Gaston, *Paul and the Torah*를 참고하라.

관한 샌더스의 연구를 부추겼던 요인들 중 하나는 율법주의
적 유대교에 대한 여러 전통적 묘사들로 인해 발생했던 반유
대적 편견 때문이었다. 샌더스의 연구에는 유대교의 언약적
율법주의가 너무나도 잘 드러나는데, 왜 모두들 거기에서 결
점을 찾고자 하는 것일까? 샌더스가 직접 제시했듯이, 바울
이 유대인으로서 구원되어야 하는 상황이라고 느꼈던 '곤
경'(plight)이 실제로는 없었다는 것이다. 바울의 복음은 유대
교를 반대하는 입장에서 나온 것이 아니라 유대교에 병행되
는 새로운 방식 또는 새로운 종교 패턴이었다. 이와 같은 노
선에서 수많은 학자들은 바울의 복음이 유대인이 아닌 이방
인들을 목표로 했던 것이라고 제안했다. 토라-준수라는 유대
적 방식은 여전히 유지됐다. 심지어 바울의 사고 속에서도
유대인들에게는 토라-준수가 매우 적절한 방식이라고 여겨
졌다. 곧, 바울은 "네가 율법을 행하면 할례가 유익하나"(롬
2:25)라고 했다. 그렇지만 그것이 이방인들에게 적용되면 부
적절한 것이 된다. 그리스도는 이방인들을 위해서 할례 없이
믿음을 통해 나아갈 수 있는, 토라 없는 새로운 길을 열어 주

---

비록 스텐달의 초기 연구는 이러한 방향으로 나아가는 것처럼 보였
지만, 나중에 그는 바울에 대한 문제와 그리고 유대인의 구원을 신비의
영역에 남겨 두기를 선호하는 가운데, 거리를 두었다; Stendahl, *Final
Account: Paul's Letter to the Romans*.

셨다. 따라서 그리스도 이후로는 두 가지 구원의 언약이 시
행되고 있다는 것이다(유대인들을 위한 토라 언약과 이방인들을 위한
그리스도 언약). 그러나 던과 라이트는 모두 이러한 결론에 반
대한다.


## 새 관점을 넘어서는 움직임


　마지막으로 언급하게 될 발전은, 이제 새 관점을 넘어서
야 한다고 주장하는 여러 사람들과 연관된다. 이들 가운데
일부는 새 관점을 다소 부정확하다고 보기 때문에 넘어서길
원한다. 이제 새 관점은 뒤에 내버려두고 앞으로 전진해야
한다는 것이다. 이러한 목소리들 가운데 좀 더 비판적인 것
들은 다음 장에서 다루게 될 것이다. 지금 여기서 내가 초점
을 맞출 학자들은 샌더스가 유대교에 대해 다소간에 적중했
다고 생각하는 사람들, 그리고 바울이 율법주의적 유대교를
반대하지 않았다고 생각하는 사람들이다. 하지만 이들은 이
런저런 이유들로 그 출발점이 불충분하다고 생각했다. 예를
들어, 브루스 롱네커(Bruce Longenecker)는 새 관점과 전통적 관
점 사이의 대립이 아닌, 일종의 상호 보완성이야말로 앞으로

나아갈 길이라고 말했다. 지금의 **둘 중 하나**(either-or)의 방식
대신에, 일종의 **둘 다**(both-and)의 방식이 가능하다는 것이
다.[16] 마찬가지로, 마이클 버드(Michael Bird) 역시 양쪽에서 각
자의 날카로운 가장자리를 좀 더 부드럽게 할 수만 있다면,
양극단 사이의 중용의 길(*via media*)이 있을 것이라고 주장한
다.[17] 따라서 칭의는 사회적인 **동시에** 구원론적으로, 공동체
적인 **동시에** 개인적으로, 언약적인 **동시에** 법정적으로 보아
야 한다는 것이다. 그리스도의 의의 전가 개념은 신학적 논
의를 위해서 계속 유지하면서(전통적 관점에 대한 인정), 참여된
의(incorporated righteousness) 또는 그리스도 안에 참여(participa-
tion in Christ)라는 개념은 (새 관점과 함께) 바울의 입장을 좀 더
정확하게 묘사하게끔 해줄 것이다.[18] 대부분의 중재적인 입
장들과 마찬가지로, 지금까지 양쪽 모두는 이러한 중재안들
이 그들의 입장을 올바르게 파악하지 못했다고 생각한다.[19]

16. Longenecker, "Perspectives on Paul and the Law," 125-30; 또한 동저
    자, *The Triumph of Abraham's God*, 179-83을 참고하라.

17. Bird, *The Saving Righteousness of God*.

18. 이러한 전문 용어들('칭의', '법정적' 등)에 관한 논의에 대해서는 이어
    지는 제7장을 참고하라.

19. 돈 해그너(Don Hagner)는 그러한 조화가 불가능할 것이라고 생각한
    다. "Paul and Judaism: Testing the New Perspective," in Stuhl-
    macher, *Revisiting Paul's Doctrine of Justification*, 100n77.

\* \* \*

독자들이 바울에 관한 새 관점, 혹은 좀 더 정확히 말해
E. P. 샌더스의 유대교에 대한 연구에서 영감을 얻은 다양한
관점들에 대해 좀 더 나은 이해를 얻게 됐기를 바란다. 물론
전통적 관점과 새 관점이 바울 연구의 현대적 접근 방식들을
전부 다루지는 않는다. 일부 학자들에게 새 관점은 벌써 구
식(*passé*)이 되어버렸다. 어떤 이들은 다른 곳에서 해석학적
실마리를 찾는다.[20] 다른 이들은 여전히 새 관점을 곧이곧대
로 믿는 것의 심각한 위험성을 경고하며(다음 장을 참고하라), 또
다른 이들은 이 접근의 가능성을 지속적으로 유지한다(특히
마지막 장을 참고하라).

---

20. 예를 들어, 더글라스 캠벨(Douglas Campbell)은 묵시론적 불연속성
    을 강조한다. Campbell, *The Quest for Paul's Gospel*. 다시 말해, 하나
    님이 그리스도 안에서 행하신 일의 급진적 새로움(radical newness)은
    바울의 유대적 과거와의 인지된 모든 연속성을 압도한다. "보라, 모든
    것이 새롭게 됐다"(고후 5:17).

# 제5장
## 논쟁에 불이 붙기 시작하다: 샌더스의 유대교에 대한 우려들

　당신이 지금까지 살펴본 발전들에 대해 잘 이해하면서 따라왔다면, 이렇게 생각할지도 모르겠다. '내겐 그저 난해한 학문적 논쟁 같아 보인다. 과연 목회자들과 교인들이 이 문제에 신경이나 쓸까?' 하지만 초고속 통신망(인터넷)이나 당신의 지역에 있는 기독교 서점의 가판대에서 이 주제가 빠르게 확산되고 있는 것은 분명하다. 분명히 이 논쟁은 상아탑 바깥으로 새어 나왔다. 한 웹사이트는 온라인상에 있는 새 관점에 대한 비판적 글로 연결되는 108개의 링크들(!)을

포함하고 있다.[1] 한 인터넷 설교 사이트에서는 칭의와 관련한
(19세기의!) 찰스 스펄전(Charles Spurgeon)의 설교집 하나를 재발
간하면서, 이렇게 말했다.

> 스펄전은 여기서 고전적인 성경적 (청교도의) 가르침을 옹호
> 한다. 어쩌면 당신은 스펄전이 이 [칭의에 관한] 가르침에 대
> 해 최근에 나타난 일부의 공격들, … 라이트나 바울에 관한
> 새 관점 운동과 같은 이단 교사들에 의한 공격들을 반박하
> 고 있다고 생각할 수도 있을 것이다.[2]

교회들과 교회 웹사이트들은 교인들에게 "스스로를 초
기 교부들 이후 바울과 바울의 메시지를 올바르게 이해한 최
초의 사람으로 여기는" 새 관점 학자들을 조심하라며 주의
를 당부한다.[3] 반스앤노블(Barnes & Noble: 미국의 대형 서점—역주)
에서 '바울에 관한 새 관점'이라는 주제로 검색을 하면, 16개
의 책 제목들이 뜬다(2009년 7월 기준). 물론 친-새 관점 성향의
웹사이트가 없는 것은 아니다.[4] 당신이 발견한 것이 어떤 책

---

1.   monergism.com이라는 사이트를 참고하라.

2.   스펄전의 "칭의"(Justification) 설교에 대한 논평.

3.   Gilley, "The New Perspective on Paul, Part 1."

4.   친-새 관점 사이트를 보려면, www.thepaulpage.com을 참고하라.

인지 또는 어떤 웹 사이트인지에 따라서, 바울은 구출되기도 하고 배신당하기도 한다. 혹은 당신이 직접적으로 대면하는 방식을 선호한다면, 의심의 여지없이, 지지자 혹은 반대자들의 명단이 있는 학회가 멀지 않은 곳에 있을 것이다. 새 관점을 지지하는 주요한 일부의 학자들은 앞선 장들에서 언급됐다. 새 관점을 비판하는 쪽에도 유력한 학자들이 있다. 이를테면, 트리니티신학교의 D. A. 카슨(D. A. Carson)과 같은 존경받는 학자들도 있거니와, 미네아폴리스 베들레헴침례교회의 존 파이퍼(John Piper)와 같은 영향력 있는 목사들도 있다.

이제 이어지는 세 개의 장들을 통한 나의 목표는 여러 구체적인 논쟁 및 새 관점에 대해 제기되는 우려에 대해(제기된 문제가 무엇인지 더욱 자세히 알 수 있도록) 그리고 새 관점 저자들은 이에 어떻게 대응했는지 알려주는 데 있다. 나의 목표는 이러한 논쟁들에 개입하여 해결을 시도하는 것이 아니다. 그것을 위해서라면 당신은 각주나 참고 문헌에 제시된 저자들의 책을 살펴볼 필요가 있다. 새 관점에 대한 우려들은 크게 세 가지의 범주로 나뉜다. 이 중 첫 번째 범주가 바로 이번 장의 주제가 될 것이다.

- 1세기 유대교의 비-율법주의적인 특징에 관한 샌더스의 주

장은 과연 옳은 것인가?

- 관련 구절의 그리스어 단어는 어떠한가? 다시 말해, 구체적 구절 또는 단락 해석에 관한 우려다.
- 신학, 교회사, 목회와 관련된 우려다.


## 정말 1세기 유대교는 너무나 은혜롭고 비-율법주의적이었나?

만약 바울의 유대인 반대자들이 정말 구원을 받기 위해서 충분한 공적을 쌓기 원했다고 생각을 한다면(율법주의), 아마도 모든 새 관점이 어딘가 다른 곳에서 비-율법주의적인 목표를 찾는 것은 불필요하고 잘못된 생각일 것이다. 만약 샌더스의 **유대교에 관한** 새 관점이 심각한 균열을 가진다면, **바울에 관한** 관점 역시 그러할 것이다.

학계에서는 왕성한 활동을 선보이곤 하는 유대교 학자 제이콥 뉴스너(Jacob Neusner)를 샌더스가 행한 언약적 율법주의의 재구성에 대한 초창기 비판자로 지목하곤 한다. 실제로, 뉴스너는 『바울과 팔레스타인 유대교』에 대해 굉장히 비판적이었다.

랍비 유대교와 관련해서, 샌더스의 책은 절망적일 정도로
너무나 심각한 결함이 있다. 그래서 유감스럽지만 이 책은
책에 명시된 목표, 즉 조직적인 묘사와 비교의 수행에 있어
아무 쓸모가 없다.[5]

하지만 이러한 부정적 평가는 책의 방법론과 관련된 것
이지 언약적 율법주의에 대한 설명과는 별로 상관이 없다.
뉴스너는 샌더스가 유대교 문서를 마치 기독교의 신학적 질
문들에 답하기 위해 의도된 것처럼 다루는 것에 대해 당황스
러워 했다(이를테면, 은혜, 믿음, 구원에서 행위들의 역할). 뉴스너는
대부분의 유대교 문서들은 기독교에서 '구원'이라고 칭하는
것에 대해 특별한 관심을 두지 않으며, 그것들은 다른 주제
들에 의해 만들어진 것이라고 주장하는 가운데 이의를 제기
했다. 그런데 또 뉴스너는 언약적 율법주의에 관해서는 꽤
만족해 했다.

샌더스가 언약적 율법주의, 선택, 속죄를 비롯한 온갖 종류
의 고대 유대교에 대한 중요성을 보여주기 위해 제안하는

---

5.    Neusner, "Paul and Palestinian Judaism," 191.

한, 그의 연구는 완전한 성공으로 인정되어야 한다.[6]

그러므로 학생들은 샌더스 이전의 관점, 즉 율법주의적 유대교(캐리커처?)로 돌아가고자 시도하는 최근의 학자들을 찾아보기 어려울 것이다.[7] 샌더스에 대한 존 바클레이(John Barclay)의 평가는 그야말로 대표적이라 할 수 있다.

> 전체적으로, 팔레스타인 유대교의 사고의 구조에 대한 [샌더스의] 분석은 정확하고 설득력 있는 것으로 널리 인정되어 왔다.[8]

## 다른 종류의 유대교?

설령 언약적 율법주의가 당시 대부분의 유대교의 사고 방식에 대한 올바른 설명이라 하더라도, 그것이 과연 많고도 다채로운 형태를 모두 정확하게 설명해 주는가? 1세기 유대

---

6.   Neusner, "Paul and Palestinian Judaism," 180.

7.   유대교에 대한 이런 종류의 논쟁들을 좀 더 깊이 있게 다룬 것을 보기 위해서는, Yinger, "Continuing Quest"를 참고하라.

8.   Barclay, "Paul and the Law," 8.

인들이 모두 다 완전히 똑같이 생각하진 않았을 것이기 때문에, 아마도 일부는 다른 이들에 비해 좀 더 율법주의적이었을지도 모른다. 2001년에 바로 이 부분에 관한 집중적인 연구서가 출판됐다.[9] 열두 명이 넘는 학자들이 다양한 제2성전기 유대교 문헌들을 분석하는 가운데, 일부 문헌은 언약적 율법주의를 옹호하고, 일부는 언급하지 않거나 불분명하며, 또 다른 일부는 어떤 형태의 율법주의를 증거한다는 사실을 발견했다. 그런데 새 관점에 대해 회의적인 사람들 가운데 일부는 이미 이 책 및 이와 비슷한 책들을 가리켜 실패를 재촉한 치명적 원인으로 지적하기 시작했다(언약적 율법주의를 부분적으로 인정하게 됨으로써 새 관점을 인정하는 길을 열어 주게 됐다는 의미에서, 실패의 재촉으로 보는 일부 반-새 관점 진영의 반응—역주).

　　그러면 새 관점 지지자들은 이러한 도전에 대해 어떻게 반응하는가? 실제로 수많은 제2성전기 유대교 문헌들의 해석에 대해서는 더욱 자세한 연구가 꾸준히 이루어져야 한다. 유대교에 대한 연구는 1977년에 절정에 이른 것이 아니다. 우리는 실제로 같은 방식으로 이런저런 유대교 문헌들에서 율법주의적인 확신에 대한 증거를 발견할 수도 있다.[10] 샌더

---

9. 　Carson, O'Brien, Seifrid, eds., *Justification and Variegated Nomism*.

10. 　물론 너무나 자주 간과되는 문제 중 하나는 '율법주의'라는 말이 의미

스는 자신의 비-율법주의적인 도식을 벗어나는 예외적인 문
헌이 단 하나라고 생각했다(『에스라4서』). 설령 일부 유대인들
이 적절한 균형을 유지하지 못했다 하더라도 우리는 놀라지
말아야 한다. 모든 종교 전통은 참으로 다양한 결과물들을
양산한다. 그러나 일부 독특한 형태의 유대교에 대한 발견들
이 주류를 형성하는 유대교 구원론에 대한 생각을 바꾸지는
못한다. 그러한 발견들이 영향을 미치려면, 그러한 발견들이
좀 더 폭넓게 나타난다거나 바울이 그런 측면에 영향을 받고
있다는 사실이 밝혀져야 한다. 그런데 비판자들은 이 두 가
지 모두를 입증하지 못했다.

　일반적으로 새 관점 저자들은 1세기 유대교의 단일성을
강조하지 않는다. 그들은 그 당시 유대교 안에 있는 다양성
을 기꺼이 인정한다. 이러한 모든 다양성 속에서 제기되는
질문은 이것이다. 우리가 '유대교'라고 인식할 수 있는 공통
된 핵심 요소가 남아 있는가? 대부분의 유대인들이 발견했
던 어떤 공통 주장(common cause)이 존재했는가? 이에 대해
(광범위한 유대교, 구약, 신약학자들과 더불어) 새 관점 저자들은 여전
히 언약적 율법주의가 유대교 구원론과 바울의 유대교를 일

---

　　하는 바에 동의하는 일이다. Yinger, "Defining 'Legalism,'" 91-108을
　　보라.

반적으로 묘사하는 데 상당히 적합하다고 확신한다.


## 율법주의는 다른 곳에 도사리고 있을지도 모른다

　　언약적 율법주의에 대한 또 다른 도전은 다른 곳, 즉 바울의 이전 유대교 견해를 바라보는 그의 기독교 관점에서 유대교의 율법주의를 발견하는 데 있다. 다시 말해, 인정받는 유대인들은 자기 이해에 있어서 율법주의자가 아니었지만 바울이 얻게 된 새로운 기독교적 이해를 통해 되돌아 볼 때, 행위들이 지금 그리스도를 믿는 믿음 안에서와는 다른 기능을 수행했음을 (혹은 논리적으로 그렇게 기능을 수행했어야 함을) 인식하게 된다는 것이다. 바로 이것이 바울이 말한 바, 자신이 과거에 유대교에 있을 때 귀중히 여겼던 것을 이제는 "쓰레기"(rubbish)처럼 여긴다고 한 것의 의미다(빌 3:8).[11] 따라서 이 방식은 샌더스의 유대교에 대한 관점을 향한 도전—그런 저자들은 유대인들의 자기 이해에 대한 설명을 위해 언약적 율법주의와 같은 것을 기꺼이 받아들이려 하는 것처럼 보인

---

11. 최근에 많은 저자들이 이러한 접근을 취하고 있다. 예를 들어, Das, *Paul and the Jews*; 그리고 Gathercole, *Where Is Boasting?*을 보라.

다―이라기보다는 바울의 개념과 본문에 관한 독특한 새 관점 해석들에 대한 도전인 것으로 밝혀졌다. 예를 들어, 그들은 은혜에 대해 근본적으로 달라진 바울의 이해로 인해 믿음과 행위들을 연결 짓는 방식이 변화됐다고 주장한다. 실제로 이것은 샌더스의 유대교에 대한 관점을 비판한 것이 아니라, 바울서신 본문들과 바울신학에 대한 새 관점의 해석을 비판한 것이기 때문에, 그러한 점들은 다음에 이어지는 두 개의 장에서 살펴보게 될 것이다.

유대교 문헌으로부터 율법주의를 증명하는 것이 어렵다는 것을 알고서 어떤 이들은 "율법주의로 향하는 인간의 본성적 성향"에 호소하기도 한다.[12] 그러나 다시 말하지만 이는 샌더스의 연구에 대한 통렬한 비판이라고 할 수는 없으며, 그저 신학적인 우려를 내보이는 것뿐이다. 즉, 새 관점은 행위-의를 향하는 일반적인 인간 성향을 향해 뒷문을 슬그머니 열어줄 수도 있다는 것이다. 이와 같은 다른 신학적 비판들은 다음 장에서 살펴보게 될 것이다.

---

12.  Hagner, "Paul and Judaism," 119.

# 너무나 '언약적'이지만
# 충분히 '율법주의'는 아닌

마지막 비판은 일부 새 관점 저자들의 마음에 진지하게
다가왔던 것처럼 보인다. 즉, 유대교 구원론의 언약적 은혜
를 강조함으로써 샌더스는 선행에 대한 유대교의 강조점을
지나치게 약한 톤으로 묘사했을지도 모른다는 식이다. 언약
적 율법주의에서 언약적인 부분(은혜와 선택)이 너무나도 중요
해지다 보니 율법주의적인 부분(율법을 실제적으로 행해야 할 필요
성)은 너무나 부드럽게 말하게 되거나 단순히 경계 표지 정도
로 전락할 수 있게 된다는 말이다.[13] 샌더스나 새 관점 저자들
이 구원은 전적으로 언약적 은혜로 인한 것이며 토라의 요구
들에 대한 실제적이고 고된 순종은 어쨌든 약화되거나 부차
적인 것이 된다는 인상을 줄 정도라면, 그 비판은 충분히 들
어볼 만한 가치가 있다. 하지만 그런 비판은 대개 정곡을 벗
어난다. 언약적 율법주의의 진정한 가치는 똑같이 필요한 신
적 행위주체와 인간적 행위주체를 하나로 묶는 데 있다. 샌
더스, 던, 그리고 대부분의 새 관점 저자들이 언약적 율법주

---

13.  예, Watson, "Not the New Perspective", 또는 동저자의 *Paul, Judaism,
     and the Gentiles*, 12–21을 보라.

의에 통합시킨 '행위에 따른 심판'이라는, 도처에 존재하는
유대교 모티프는 지나치게 부드러운 초상과 어울리지 않는
다.

\* \* \*

이번 장에서는 새 관점에 대한 비판들에 대해 분석했다.
아마도 많은 독자들에게는 상대적으로 덜 익숙한 부분이었
을 것이다. 왜냐하면 논쟁의 세부사항들은 일반적인 기독교
독자들의 경계 바깥에 있는 유대교 문서(사해문서, 『에녹1서』, 『열
두 족장의 유언』 등)와 히브리어 및 아람어에서의 미세한 점들을
다루고 있기 때문이다. 다음 두 장에서는 우리에게 좀 더 익
숙한 영역이라 할 수 있는 바울의 편지와 신학에 대해 다루
려 한다.

# 제6장
## 주석적 우려

바울의 편지들을 해석하는 모든 이론에 관한 증명은 물론 주석(= 해석의 방법)이라는 토대에 있다. 다시 말해, 그 이론은 실제로 바울이 말했던 것(단지 사도가 기록한 것들 가운데 일부가 아니라 모든 것)을 이해하는 데 도움이 될 수 있는가? 다시 말하지만, 학생들이 인식해야 할 것은 어떤 주어진 구절에 대한 단 하나의 '새 관점 해석'이 존재하지 않는다는 사실이다. 새 관점 저자들 사이에서 서로 의견이 다른 경우는 드물지 않게 발생한다. 이는 새 관점 비판자들 사이에서 서로 의견이 다른 것과 마찬가지다. 그러므로 이번 장에서 할 수 있는 최선은 독자들이 양쪽의 전형적인 해석에 대해 이해할 수 있게끔

하는 것이다. 이를 통해 독자들은 새 관점이 신약 읽기에서 만들어 내는 어떤 차이에 대해 호감을 가지게 될 수도 있다. 분석을 위해 선택된 구절들은 빈번하게 논의되는 것이지만 이것들이 비판자들의 주석적 우려들을 모두 보여주는 것은 아니다.

## 율법의 행위들

초기의 한 가지 우려는 '율법의 행위들'에 대한 던의 해석과 연관됐다. 던은 이 용어가 고대 세계 속에서 정체성 표지로 기능하는 유대교의 토라 관습들을 가리킨다고 주장했다. 갈라디아서에는 구체적으로 언급된 세 가지 식별자 (identifiers)가 있는데, 이는 누가 유대인이고, 누가 유대인이 아닌지를 표시하기 위해 비-유대인들에 의해 널리 사용됐다. 그 세 가지는 곧, 할례, 음식법, 안식일 규정이다. 비판자들은 율법의 행위들을 그런 영역으로만 제한하는 것처럼 보이는 주장에 대해 '파울'(foul: 스포츠에서 반칙 행위 또는 유효하지 않은 행동에 대해 심판이 외치는 말—역주)을 외쳤다. 저들은 분명하게 이의를 제기했다. 바울은 보다 넓은 차원의 순종, 즉 율법의 모든 명령들에 대한 순종을 생각했다는 것이다. 갈라디아서 3:10이 말하는 율법의 행위들에 속해서 저주 아래에 있는 자들은 단지 세 가지 정체성 표지가 아니라, "율법 책에 기록된 대로 **모든** 일"에 순종하는 데 실패한 자들이다.

던은 그 이후로 이 점에 대해 비판자들의 의견에 실제적으로 동의한다는 점을 명확히 했다. '율법의 행위들'은 일반적으로 토라에서 명령하는 모든 종류의 관습들을 가리킨다. 그러나 던은 여전히 갈라디아서에 등장하는 논쟁은 할례, 곧 이방인 개종자들이 유대 정체성을 얻기 위해 행해야 한다고 유혹받았던 한 가지 구체적인 토라의 명령을 중심으로 진행된다고 주장한다. 이 논쟁은 마치 엄마가 세 살짜리 아이에게 채소를 먹이려고 애쓰는 것과 비슷한 양상이라는 말이다. 물론 엄마의 궁극적인 목적은 아이가 모든 채소를 먹는 것이다. 그러나 '모든 채소들'의 초점이 지금 상황에서는 접시에 놓여 있는 시금치에 있다. 그렇게 갈라디아서에서의 '율법의 모든 행위들'은 특히 지금 논란이 되고 있는 유대인의 정체성 표지들에 초점이 맞춰져 있다는 것이다.[1]

---

1.    던의 입장에 대한 최근의 진술을 보기 원하면, Dunn, "The New Perspective on Paul: Whence, What and Whither?" 23-28을 참고하라.

더 깊은 차원에서 비판자들은 '율법의 행위들'을 사회학적인 문제로 축소시키려는 듯한 시도에 반대한다. 이런 행위는 구원 문제와는 별 상관이 없고 그저 어떤 특정 사회적 무리에 속하는지 아닌지와 관계될 뿐이기 때문이다. 여기서 학생들은 모든 새 관점 저자들을 무차별적으로 한데 묶지 않도록 주의해야 한다. 어떤 이들은 바울 해석에 있어서 사회학적 접근이라는 측면에 지나치게 기울어진 나머지 신학적인 견해들을 부차적으로 치부하고 만다.[2] 반면, 던과 라이트의 견해들은 사회학 대 신학이라는 이 문제와 관련해서 좀 더 **둘 다**(both-and)의 관점을 대변한다. '율법의 행위들'은 실제로 사회적 위치(유대인, 비유대인)를 규정한다. 그러나 좀 더 정확히 말하자면 이 사회적 정체성은 칭의라는 신학적 문제의 중심이다. 결국 아브라함의 자손의 일부가 되는 것(갈 3장)은 사회학적인 동시에 신학적인 문제다.

물론 가장 심각하게 논쟁이 진행 중인 부분은 '율법의 행위들'이 율법주의와 관련이 있는지 여부다. 바울이 "율법의

---

2.    예, Watson, *Paul, Judaism, and the Gentiles*를 보라. 이 책이 비록 나의 관점을 대변하진 않지만, 사회학에 대한 관심은 경솔하게 다루어져서는 안 된다. 우리 대부분은 우리의 신학적 견해들이 우리의 교육과 우리가 개인적인 의미를 규정하고 발견하는 단체 및 운동에 의해서 얼마나 깊이 영향을 받게 되는지를 너무나도 잘 인식하지 못한다.

행위들에 의한" 칭의를 반대할 때(갈 2:16), 그런 행위들을 행하면 칭의를 얻게 된다는 매우 전통적인 확신을 가리키는 것인가(= 율법주의), 아니면 언약 백성인 이스라엘에 속해야 한다는 것을 가리키는 것인가? 이 문제에 대해서는 이미 앞에서 살펴 보았기 때문에 반복하지는 않겠다(본서 제3장 "율법의 행위들"을 참고하라). 이 주석적 논쟁은 교착 상태에 이른 것처럼 보인다. 다시 말하지만, 학생들은 여기서 주석적 문제와 신학적 문제를 구별할 필요가 있다. 바울이 율법주의를 반대했는지 여부는 한 구절에 대한 주석을 넘어서는 큰 문제다. 당시 대부분의 유대인들처럼, 바울은 분명 율법주의를 우스꽝스러운 것으로 생각했을 것이다(율법주의는 하나님을 우리의 빚더미에 앉힐 만큼 충분히 행해서 하나님으로 하여금 우리에게 구원을 '빚지게 한다'는 생각이다). 심지어 율법주의가 바울이 말한 '율법의 행위들'의 의미가 아니더라도 말이다. 비판자들은 새 관점이 옆문을 통해 율법주의에 빠지게 될 것을 두려워한다. 새 관점 저자들은 일반적으로 유대교의 율법주의 양상을 인정하진 않지만, 바울의 특정 구절들은 (율법주의가 아닌) 다른 것에 관한 것이라고 주장한다. 어느 쪽이든 간에 이는 더 큰 신학적 우려이며, 이에 대해서는 다음 장에서 다루게 될 것이다.

## 바울: 개종인가 소명인가?[3]

새 관점은 유대교에 관한 새 관점을 기반으로 하기 때문에, 바울과 유대교의 관계 또는 바울과 유대교 율법의 관계가 주요 논쟁거리라는 사실은 그리 놀라운 일이 아니다. 새 관점에 속하지 않은 대부분의 사람들은 바울서신을 읽을 때, 사도가 다메섹 도상에서 이전에 믿던 유대교 신학의 부당함을 깨닫고, 그리스도에 대한 믿음이라는 새로운 길로 나아갔다고 이해한다. 바울이 과거 자신의 유대적 정체성의 여러 측면을 버려두고 기독교인이 됐다는 것이다. 이와 관련하여 떠오르는 한 가지 놀라운 질문은 이것이다. 그러면 바울은 개종을 했던 것인가? 다시 말해, 다메섹 도상에서의 경험 이후에, 바울은 여전히 유대교 추종자로 남아 있었나? 아니면, 다른 종교로 개종했는가? 이 질문은 사실 처음 들리는 것만큼 어리석은 질문이 아니다. 물론, 한편으로 바리새인 사울에게 혁신적인 변화가 일어났던 것은 의심의 여지가 없다. 그리스도의 추종자들을 박해하던 사람이 그리스도의 추종자가 된 형국이다. 만약 예수님을 향한 180도의 전환, 어떤

---

3. 이 문제에 관한 새 관점 이전의 고전적 표현은 스텐달에게서 발견된다. "Introspective Conscience," 7-23 ("회심보다는 소명").

문제들에 대한 생각의 변화가 우리가 말하는 '회심'(conver-sion)이라고 한다면, 바울은 분명 개종한(convert) 것이다.

그런데 문제는 그렇게 간단하지 않다. 누군가가 '개종하거나' 혹은 '회심'을 경험한다고 할 때, 일반적으로 우리는 종교의 변화를 떠올리게 된다. 개종의 의미에 대한 이러한 이해 때문에 우리는 바울이 자기 유대 종교를 버리고 기독교라는 새로운 종교로 개종했다고 생각한다. 바리새인 사울이 그리스도의 사도 바울이 됐다는 것이다. 이런 식의 급진적인 종교적 불연속성은 바울에 관한 오래된 문헌들 전반에서 발견된다. 이런 방식으로 설명할 때 어려운 점은 여러 가지가 있으며, 이는 새 관점의 핵심에 이르게 한다.

첫째, 바울이 기독교로 종교를 바꾸었다고 말하는 것은 시대착오적이다. 다시 말해, 이것은 이후의 상황을 가지고 이전의 전혀 다른 상황에 적용하는 것이다. 사실 1세기 중반에는 아직 '기독교'라고 불리는 구별된 종교가 존재하지 않았다. 때로 예수님의 추종자들이 "그리스도인"(christianoi)이라고 불리기도 했지만(행 11:26; 26:28; 벧전 4:16), 이것은 단지 일부의 반대자들이 그런 딱지를 붙이고 이 무리를 특정 인물이나 당파, 곧 그리스도의 지지자들로서 다른 사람들과 구분하기 위해서 사용했던 방식이었을 뿐이다.[4] 바울은 그리스도의 추종자가 되기 위해 유대교를 떠날 필요가 없었다.[5]

둘째, 바울에 대해 '개종' 용어를 사용하는 것은 바울서신의 주요 쟁점들 중 하나를 혼란스럽게 한다. 바울의 복음은, (율법주의적인) 유대교를 떠나 (은혜로운) 기독교로 전향하라고 무리들을 설득하는 시도라기보다는 로마 제국 안에서 이 그리스도 운동의 정체성을 헤아리기 위한 투쟁의 열쇠다. 비록 이 유대교 운동이 처음에는 갈릴리와 유대를 중심으로 했지만, 이제는 점점 더 비유대인들, 즉 이방인들이 동참하고 있다. 바울과 같은 일부 설교자들은 이방인들을 향하여 이 유대교 운동에 속하기 위해 반드시 유대인의 정체성 표지들을 가져야 할 필요는 없다고 말했다. 이방인들은 유대인이 됨('율법의 행위들')으로써가 아니라, 그리스도를 믿는 믿음으로 의롭게 된다는 것이었다. 그러나 다른 이들은 이방인들이 반드시 유대인이 되어야 한다고 단호하게 주장하기도 했다("이

---

4.  그래서 헤롯의 지지자들은 "헤롯당"(*hērōdianoi*, 막 3:6)이라고 불렸던 것이다. "기독교"(Christianity; 그리스어 *christianismos*)라는 단어가 처음으로 사용된 기록은 주후 100년경 안디옥의 이그나티우스(Ignatius)에게서 발견된다.

5.  행 15:5은 동시에 "바리새파에 속해 있는" 일부 초기 유대 기독교인들("신자들")에 대해서 말한다(개역개정은 "바리새파 중에 어떤 믿는 사람들"—역주).

방인에게 할례를 행하라 명하는 것이 마땅하다", 행 15:5). 유대인들은 제국의 지배하에 이미 불안한 상황 가운데 있었다. 유대인들은 이방 신들에게 희생 제사를 드리는 것과 같은 공공의 시민적 의무로부터 부분적인 면제를 받았지만, 비유대인 대중들은 그러한 면제에 대해 분개하며 때로는 유대인들을 억압하기도 했고, 심지어 정부 관료들도 유대인들을 핍박했다. 만약 바울 당시 비유대인 그리스도 추종자들이 이 유대인 그리스도 당파의 일원으로 간주된다면, 이 모든 불안한 협정들은 붕괴될 수도 있는 위험이 있었다.

셋째, 바울 자신은 생애 가운데 이 부분에 대해 말할 때, 개종보다는 선지자적 부르심의 언어를 사용했다. "그러나 내 어머니의 태로부터 나를 택정하시고 그의 은혜로 나를 부르신 이가 …"(갈 1:15; 또한 롬 1:1을 보라). 바울은 지속적으로 예레미야와 이사야와 같은 선지자들을 향한 하나님의 부르심의 언어를 반향하고 있는 듯 보인다. "내가 너를 모태에 짓기 전에 너를 알았고 네가 배에서 나오기 전에 너를 성별했고 너를 여러 나라의 선지자로 세웠노라"(렘 1:5). "여호와께서 태에서부터 나를 부르셨고 … 야곱의 지파들을 일으키며 이스라엘 중에 보전된 자를 돌아오게 할 것은 매우 쉬운 일이라 내가 또 너를 이방의 빛으로 삼아 나의 구원을 베풀어서 땅끝

까지 이르게 하리라"(사 49:1, 6). 바울은 스스로를 종교의 전환
을 설교한 것으로 여기지 않고, 이스라엘과 이방으로 하여금
메시아 예수 안에서 마지막 날에 자신을 계시하신 이스라엘
의 하나님에게 순종하도록 요청하는 유대 선지자로 생각했
다.

　　이렇게 '바울은 개종했던 것인가?'라는 질문은 결국 그저
단순하거나 어리석은 질문이 아니라는 사실이 밝혀지게 됐
다.[6] 어떤 사람이 이 질문에 어떻게 대답하는지는 새 관점에
관한 여러 문제와 관련하여 그 사람이 가지고 있는 전제를
상당히 많이 보여준다. 하지만 다음으로 넘어가기 전에, 우
리는 분명히 바울의 회심/개종을 가리키는 듯이 보이는 한
구절을 간략하게 살펴보아야 한다.

> 내가 이전에 유대교에 있을 때에 행한 일을 너희가 들었거
> 니와 하나님의 교회를 심히 박해하여 멸하고 내가 내 동족
> 중 여러 연갑자보다 유대교를 지나치게 믿어 내 조상의 전

---

6. 이 문제와 관련하여 현재 진행되고 있는 논쟁들에 대해서 관심이 있
   는 사람들은 다음의 책을 참고할 수 있다. Segal, *Paul the Convert* (유
   대교 '로부터의' 개종이 아닌, 유대교 '안에서의' 개종 입장), 그리고
   Dunn, "Paul's Conversion," 347-65 (새 관점 입장); 또는 Barnett,
   *Paul: Missionary of Jesus*, 54-75 (전통적인 '개종' 입장).

통에 대하여 더욱 열심이 있었으나. (갈 1:13-14)

분명 '내가 이전에 유대교에 있을 때에'라는 말은 바울이 더 이상 자신을 '유대교'의 추종자라고 생각하지 않으며, 자신이 유대 종교에서 다른 신앙으로 개종했다는 것을 의미한다. 하지만 너무 성급하게 새 관점 저자들을 반대하지 말기 바란다. 여기서 다시금 새 관점 지지자들은 우리가 유대교에 대한 현대적 개념, 곧 기독교와 구별되는 하나의 종교로서의 유대교라는 개념을 이 구절에 투영하고 있다고 주장한다. 도리어 이 시기에는 '유대교'라는 명사의 사용이 매우 드물었을 뿐만 아니라 그것은 유대인들의 일반적인 믿음과 실천에 대한 것이 아닌, 더 구체적으로는 헬레니즘과 반대되는 차원에서 유대인들이 스스로를 정의하던 유대교의 고유성/유대인다움(Jewishness)의 형식을 가리켰다. 헬레니즘적 문화와 타협했던 유대인들과 달리, 이 유대인들은 이스라엘의 율법, 조상들의 전통에 열심이었고, 그리스, 로마, 심지어 느슨한 유대인의 방식들에 대항하여 이스라엘의 차별성을 유지하기 위해 싸울 준비가(심지어 죽을 준비도) 되어 있었다. 한 사람의 바리새인으로서 바울 역시 이스라엘의 독특한 정체성을 위태롭게 하는 자들을 '심히 박해'했으며 다른 유대인들에 비해 '내 조상의 전통에 대하여 더욱 열심'이 있었다. 그렇다. 참으로, 바울은 이러한 방식의 유대적 열심, 이러한 '유대주의/유대교'로부터 생각을 바꾸고 회심했다. 그러나 이 구절은 바울이 유대인의 믿음과 실천을 내버렸음을 의미하지 않는다.[7] 바울은 여전히 이렇게 주장한다. "우리는 본래 유대인이요 이방 죄인이 아니로되"(갈 2:15).


## 율법의 저주는 정확히 무엇인가?


갈라디아서 3:10-13은 새 관점과 관련한 논쟁에서 반복적으로 등장하는 또 다른 구절이다. 왜냐하면 이 구절은 유대교와 율법에서 선천적으로 결핍된 어떤 것, 필연적으로 저주를 야기하는 어떤 것을 강조하는 듯 보이기 때문이다.

> 무릇 율법 행위들에 의지하는 사람들은[문자적으로는, "율법의
> 행위들에 속한 사람들은"(본서 제3장과 56쪽 각주 6번을 보라)] 저주
> 아래에 있나니, 기록된 바 "누구든지 율법 책에 기록된 대

---

7.   이러한 주장에 대해서는, 특히 Dunn, "Paul's Conversion," 357-62을 참고하라.

로 모든 일을 항상 행하지 아니하는 자는 저주 아래에 있는 자라" 했음이니라. 또 하나님 앞에서 아무도 율법으로 말미 암아 의롭게 되지 못할 것이 분명하니, 이는 "의인은 믿음 으로 살리라" 했음이니라. "율법은 믿음에서 난 것이 아니 니 율법을 행하는 자는 그 가운데서 살리라" 했느니라. 그 리스도가 우리를 위하여 저주를 받은 바 되사 율법의 저주 에서 우리를 속량하셨으니, 기록된 바 "나무에 달린 자마다 저주 아래에 있는 자라" 했음이니라. (갈 3:10-13)

적어도 종교개혁 이래로, 이 본문에서 작동하는 논리는 일반 적으로 다음과 같은 것이었다.

1. 율법은 그것을 지키지 않는 모든 이들에게 저주를 선언한다 (바울은 신 27:26을 인용했다).
2. 어떤 인간도 율법을 완벽하게 지킬 수 없다.
3. 따라서 모든 인간은 율법의 저주 아래에 놓이게 된다.
4. 그러나 그리스도가 직접 인류의 죄를 담당하셨고, 십자가에 서 저주를 받으사, 그 저주로부터 구속하셨다.

문제는 율법의 요구(완벽한 순종)와 그러한 순종을 수행할 수

없는 인간의 죄로 인한 무능력(위의 제2항)에 있다.[8]

새 관점 저자들은 유대교와 유대교 율법이 어떻게 작동했는지에 대한 이러한 묘사에 대해 이의를 제기한다. 특히, 그들은 율법이 완벽한 순종을 요구한다는 식의 함축된 전제를 거부한다(위의 제1항과 제2항). 일찍이 샌더스는 수많은 유대교 학자들과 마찬가지로 이 점을 지적했었다. 유대교 학자들은 유대인들이 결코 완벽한 순종을 생각하지 않았다는 증거로, 즉 불완전성에 대한 예비로서 희생제사 제도, 회개의 가능성, 신적 용서를 제시했다.[9]

그런데 만약 율법에 대한 순종이 완벽함이 아닌 언약적 은혜 아래 있는 인간의 능력의 범위 안에서 요구되는 것이라고 한다면, 율법의 저주에 대한 이야기에서 바울의 요점은 무엇인가? 이에 대한 새 관점의 일치된 답변은 존재하지 않는다. 던은 10절에 등장하는 저주가 완전한 복종에 의지하는 사람들이 아니라, '율법의 행위들'에 속한 모든 사람들, 즉 의

---

8.  이러한 전통적 입장을 옹호하는 사람은 슈라이너(Thomas R. Schreiner)이다. Schreiner, "Is Perfect Obedience to the Law Possible," 151-60. 참고, 슈라이너는 유대교나 구약이 이것을 가르친 것이 아니라, 그리스도의 오심 이후에 바울이 유대교와 율법에 대해 이렇게 보게 됐다고 생각한다.

9.  Cranford, "The Possibility of Perfect Obedience," 242-58을 보라.

롭다 함을 받기 위해 유대인의 언약적 정체성에 의존하는 모
든 사람들에게 임한다고 말한다. 저주는 신적 칭의를 유대인
의 정체성과 배타적으로 연결하고 이방인들을 배제하는 이
스라엘의 국수주의적 혹은 자민족중심적 의로움 위에 임한
다. 라이트에 의하면, 저주는 이스라엘의 국가적 불순종의
결과, 특히 유배의 저주를 가리킨다. "여호와께서 너를 땅 이
끝에서 저 끝까지 만민 중에 흩으시리니"(신 28:64). 사실 1세
기에 많은 유대인들이 약속의 땅의 경계 안에 살았지만, 이
들조차도 약속을 소유하지는 못했다. 로마의 지배는 순종의
결과로서 이스라엘이 그 땅에 대한 지배권을 행사한 것이 아
니라, 오히려 약속의 땅이 범죄한 이스라엘에게 속하지 않았
음을 날마다 상기시켜 주었다. 이스라엘의 지속적인 영적 유
배 상황은 그리스도가 스스로 이스라엘의 대표로서 십자가
에서 짊어지셨던 저주였다("어찌하여 나를 버리셨나이까?").[10]

어쨌든 새 관점 저자들은 전통적 해석에 반대해서 율법
의 저주가 율법이나 유대교 자체의 부족함, 도덕적 완전에
대한 불가능한 요구와 관련되는 것이 아니라는 데 일반적으
로 동의한다. 대신, 그들은 언약적 율법주의가 작동하고 있
음을 본다. 복이나 저주는 언약 안에 드러나는 하나님의 방

---

10.  Wright, *The Climax of the Covenant*, 146–47.

식에 대한 신실함과 관련된다는 것이다.


## 바울은 양심의 가책을 받고 있었나
## 깨끗한 양심을 가지고 있었나?


'어떻게 은혜로우신 하나님을 발견할 수 있는가?'라는 루
터의 말에서부터 "무거운 짐에 얽매여, 죄책과 수치의 수많
은 짐 아래 있을 때"라는 가사를 가진, "그가 나를 만지셨
다"(He Touched Me)라는 찬양에 이르기까지 죄와 죄책감의 무
게에 시달리는 양심의 구원은 수많은 복음 제시의 중심에 있
었다. 스웨덴 출신의 루터교인이며 새 관점의 선조라 할 수
있는 크리스터 스텐달은 이러한 곤경이 기독교인이 되기 전
의 사울/바울에 대해 정확하게 묘사한 것인지 의문을 제기
했다.[11] 율법 준수라는 무거운 부담에서 이 바리새인을 구원
하여 그리스도 안에 있는 은혜와 거저 주시는 용서에 이르게
한 것은 유대교의 무능력함 때문인가?

스텐달과 새 관점의 주요한 본문은 빌립보서 3:6에서 발

---

11.  이 소논문은 1963년에 영어로 처음 발표됐고, 1976년에 재출간됐다
(Stendahl, "Introspective Conscience").

견된다. "율법의 의로는 흠이 없는 자라." 확실히 이 구절은 (율법 준수에 대해) 그렇게 부담을 느끼는 것처럼 들리지 않는다. 다소 강한 양심에서 비롯된 이러한 진술과 더불어 다음과 같은 다른 진술들이 나왔다.

> 형제들아, 오늘까지 나는 범사에 양심을 따라 하나님을 섬겼노라. (행 23:1; 또한 24:16도 참고하라)

샌더스의 언약적 율법주의는 분명 기독교인이 되기 전 사울에게 잘 들어맞는다. 그리고 그가 증언할 수 있는 회심 이후 삶에 대해서는,

> 내가 자책할 아무 것도 깨닫지 못하나. (고전 4:4)

> 우리가 세상에서 특별히 너희에 대하여 하나님의 거룩함과 진실함으로 행하되 육체의 지혜로 하지 아니하고 하나님의 은혜로 행함은 우리 양심이 증언하는 바니 이것이 우리의 자랑이라. (고후 1:12)

그리스도를 믿기 전 강건한 양심과 부담스러운 양심이

대립한다는 이러한 생각은 도전 없이 받아들여져 왔었다. 세 가지의 주석적 도전들을 살펴보기 전에, 우리는 옆으로 돌아가는 것을 피해야 한다. 어떤 사람들은 새 관점의 견해가 그들 자신의 경험과 신학을 부정하는 것이라는 말을 들었을지도 모른다. 어쩌면 당신은 정말로 '무거운 짐에 얽매여' 있었다가, 믿음을 통한 그리스도의 만지심으로 인해 자유케 됐을 수도 있다. 새 관점의 목표는 인간이 죄책감에 시달릴 수 있고, 그리스도 안에서 그러한 짐으로부터 용서를 받을 수 있다는 사실을 부정하려는 것이 아니다. 문제는 이것이 **우리의** 경험을 묘사하는지의 여부가 아니라, 1세기 바리새인 바울의 경험을 정확하게 묘사하고 있는지의 여부다.

### "흠이 없는": 빌립보서 3:6

그러면 이제 첫 번째 도전을 살펴보자. 일부 사람들은 빌립보서 3:6의 흠이 없게 된다는 바울의 주장을 좀 다르게 이해하고자 시도한다. 아마도 흠 없음(blamelessness)은 누군가가 율법을 준수하는 일에 있어서 하나님 앞에서 괜찮을 거라고 (완벽할 거라고?) 생각하는 것을 의미하지는 않을 것이다. 어쩌면 그것은 그저 '다른 사람들의 눈에 띄는 흠이 없다'는 것을 의미할지도 모른다. 그래서 바울은 다른 사람들 앞에서는 흠

이 없다고 말할 수 있었지만, 하나님 앞에서는 여전히 죄책감과 부담을 느꼈다는 것이다. 그러나 이것은 어휘적인 면에서 대부분의 해석자들에게 의심스럽게 받아들여지기 때문에,[12] 좀 더 일반적으로 이 흠 없음을 바울이 자신을 **과거에 어떻게 보았는지를**(*used to*) 가리키는 것으로 보기도 한다. 그리스도에 의해 눈을 뜨기 전까지, 바울은 자신이 진정한 죄인임을 깨닫지 못했고 실제로 자신은 의롭다고 생각했었다. 바울은 그제서야 과거에 자신이 "육체를 신뢰할 만한" 이유들로 알았던 모든 것들(할례, 유대적 유산, 바리새적 의)이 사실 쓰레기와도 같은 것임을 깨달았다(빌 3:4-8). 바울은 결코 '율법을 따라 흠 없는' 그리스도인이라고 말하지 않았을 것이다. 하지만 새 관점 저자들은 '분명, 그랬을 것이다'라고 대답한다. 앞서 등장한 바울의 확고한 양심에 대한 구절들 또는 그와 다른 이들이 이 세상에서 그리스도인으로서 흠 없이 살 것이라는 그의 기대를 보라(빌 2:15; 살전 2:10; 딤전 3:10 등). 바울은 지금 이러한 자신의 유대적 정체성 표지들을 나쁜 것 혹은 잘못된 것처럼 보면서 그것들을 거부하고 있는 것이 아니

---

12.  W. 그룬트만(W. Grundmann)이 일반적 차원에서 그리스어 구약 성경의 "흠이 없는"에 대해 말한 대로, "중요한 문제는 하나님 앞에서 [흠 없음]이다"("Memphomai," 572 [= 『신약원어 신학사전』, 요단출판사, 1986]). 또한 Kedar-Kopfstein, "Tamam," 707도 참고하라.

다. 여전히 바울은 "네가 율법을 행하면 할례가 유익하나"(롬 2:25)라고 하면서, 할례와 유대적 유산은 여전히 큰 이점을 가진다고 주장한다(롬 3:1-2). 오히려 이제 성취가 이루어졌기 때문에(그리스도), 예비적인 것(율법, 유대교)을 선호하는 것은 하늘의 계시에 대한 불복종에 해당하게 된다는 것이다. 바울은 스스로를 율법의 의로 흠이 없다고 여겼고, 여전히 그렇게 생각하고 있지만, 그리스도의 오심에 비추어 보면 (그리고 오직 그 빛 안에서), 그러한 흠 없는 유대적 정체성은 더 이상 한 분 하나님께 속한 사람을 구별해 줄 수 없다. 이런 맥락에서 그것은 그저 '쓰레기'일 뿐이다. 양 진영 모두 이 복잡한 구절의 해석에 대해 논쟁을 계속하고 있기에, 여기서 이 문제를 모두 해결한 척하지는 않겠다.[13]

### 바울은 자신이 죄인이었음을 알고 있었다

이 흠 없는 바리새인 바울에 대한 두 번째 반대로서, 어떤 이들은 분명 이 사도가 자신을 '죄인', 곧 죄인 중에 "괴수"(KJV, "chief") 혹은 죄인 중에 "최악"(NIV, "worst")으로 여겼

---

13. 이 주석적 논쟁의 구체적인 세부사항에 대해서 좀 더 자세히 알기 원하는 사람들은 다음의 책들을 참고하면 된다. 좀 더 전통적인 입장을 보려면 O'Brien, *The Epistle to the Philippians*을, 새 관점의 입장을 보려면 Dunn, "Philippians 3.2-14," 469-90을 참고하라.

다는 사실을 상기시킬 것이다.

> 미쁘다 모든 사람이 받을 만한 이 말이여 그리스도 예수께서
> 죄인을 구원하시려고 세상에 임하셨다 했도다 죄인 중에 내가
> 괴수니라. (딤전 1:15)

그렇다. 참으로, 첫 글자 S가 대문자인 **죄**인(Sinner: 이렇게 첫 글자를 대문자로 하는 것은 실제로 '강조'의 효과를 가져온다—역주)이다. 하지만, 주목할 것이 있는데, 바울은 지금 여기서 일반적 의미에서의 죄악(sinfulness)에 대해 그리고 율법을 충분하게 지키는 것의 어려움에 대해 이야기하는 것이 아니라는 사실이다. 다른 곳에서와 마찬가지로, 여기서 그의 죄(Sin)는 매우 구체적이고 고통스러운 것이었다. 그것은 다름 아니라 바울 자신이 야훼의 백성들을 박해한 것이었다. 그는 "믿지 아니할 때에 알지 못하고 행했"던 "비방자요 박해자요 폭행자"였다(딤전 1:13; 또한 갈 1:13을 보라). 하나님이 자신의 주요한 대적을 자신의 주요한 대사로 부르셨다는 것은 이 사도에게 그 후로도 영원토록 하나님의 자비를 보여주는 위대한 증거로 남았을 것이다.

### 갈등하는 바울: 로마서 7장

이 흠 없는 바울에 대한 세 번째 반대는 로마서 7장에 나타난 갈등에서 비롯된다.

> 내가 행하는 것을 내가 알지 못하노니 곧 내가 원하는 것은 행하지 아니하고 도리어 미워하는 것을 행함이라. … 내 속 곧 내 육신에 선한 것이 거하지 아니하는 줄을 아노니 원함은 내게 있으나 선을 행하는 것은 없노라. 내가 원하는 바 선은 행하지 아니하고 도리어 원하지 아니하는 바 악을 행하는도다. (롬 7:15, 18-19)

전통적 읽기에서, 이것은 하나님의 율법을 지키고자 애쓰는 유대인으로서 바울이 경험했던 내면의 도덕적 혼란에 대한 이야기다. 혹은 바울이 그때 스스로 자신은 잘하고 있다고 생각했다면, 이 구절은 그가 그리스도께 온 이후에 그의 이전 노력의 무익함과 무력함에 대해 지금 그가 알고 있는 바를 표현한 것일 수도 있다. 비단 그뿐 아니라, 성령의 권능과는 별개로 이것은 여전히 바울의 현재 경험을 묘사한다. 육신 안에서 그는 여전히 무력하며 갈등 중에 있다. "내 속 곧 내 육신에 선한 것이 거하지 아니하는 줄을 아노니 원함은 내게 있으나 선을 행하는 것은 없노라"(롬 7:18). 그러나 그는 이 어두운 상황으로부터 구출됐다. "이 사망의 몸에서 누가 나를 건져내랴? 우리 주 예수 그리스도로 말미암아 하나님께 감사하리로다!"(롬 7:24-25). 바울의 자서전적 진술에 등장하는 이 부분은 흠 없음에 대한 모든 생각은 결국 망상일 뿐이었으며, 여전히 망상임을 보여준다.

학생들은 자명해 보이는 이 자서전적 해석이 난항을 겪고 있다는 사실을 알면 좀 놀랄 수도 있을 것이다.[14] 회심 이전의 갈등으로 보는 것은 빌립보서 3:6("흠 없이")과 긴장 관계에 있는 것처럼 보일 뿐 아니라, 회심한 바울이 그러한 육신적 갈등 속에 있다고 보는 것 역시 그가 다른 곳에서 말했던 성령 안에서의 자유와는 잘 들어맞지 않는다.

> 이는 그리스도 예수 안에 있는 생명의 성령의 법이 죄와 사망의 법에서 너를[15] 해방했음이라. (롬 8:2)

너희가 만일 성령의 인도하시는 바가 되면 율법 아래에 있

---

14. 이 자서전적 해석의 원동력이 된 글은 오직 독일어로만 이용 가능하다. Kümmel, *Römer* 7, 1-160. 이 문제에 대한 읽기 쉬운 서론을 보려면, Lambrecht, *The Wretched "I,"* 29-91을 참고하라.

15. 다수의 그리스어 사본들은 "너"(you)가 아니라 "나"(me)로 되어 있다.

지 아니하리라. … 오직 성령의 열매는 사랑과 희락과 화평
과 오래 참음과 자비와 양선과 충성과 온유와 절제니 이같
은 것을 금지할 법이 없느니라. 그리스도 예수의 사람들은
육체와 함께 그 정욕과 탐심을 십자가에 못 박았느니라. (갈
5:18, 22-24)

특히, 바울은 자신이 기독교인이 되기 전 유대인이었을
때의 경험을 "전에 율법 없이 살았을 때"(once alive apart from
the law, 롬 7:9)라고 묘사하지는 않았을 것이다. 수많은 학자들
에게, 이러한 그리고 또 다른 난제들은 이 구절을 순전히 자
서전적인 것으로 해석하지 못하게 한다.

여기에 등장하는 '나'는 바울의 개인의 자서전적인 것이
아니라 수사학적인 것일 수도 있다. 곧, 그것은 또 다른 사람
이나 집단을 가리킨다는 것이다. 물론, 바울 자신이 그 사람
이나 집단과 동일시하게 된다면, 엄밀하게 개인의 자서전적
의미는 아닐지라도 그것은 바울에 대해 말하는 것일 수 있
다. 바울은 이미 로마서를 기록할 때, 이런 방식으로 말을 했
던 적이 있다. "그러나 **나의** 거짓말로 하나님의 참되심이 더
풍성하여 그의 영광이 됐다면 어찌 내가 죄인처럼 심판을 받
으리요?"(롬 3:7). 여기서 "**나의**"는 수사학적 표현이다. 왜냐하

면 그것은 근본적으로 이스라엘의 신실함을 가리키기 때문
이다(1-6절). 물론 바울은 자기 자신을 이스라엘의 일부로 포
함하고 있지만 말이다. 지금 로마서 7장의 수사학적인 "나"
다음의 것들을 가리킬 수 있다.

- 인류
- 아담(혹은 아담적 인류)
- 이스라엘

그래서 만약 "나"가 이스라엘을 가리킨다면, 7:9-10은 시내
산에서의 이스라엘의 경험을 가리키는 것일 수도 있다("전에
율법 없이 살았을 때는 내가 살았더니 계명이 오자 … 나는 죽었다"). 토라
가 주어지기 전에 이스라엘은 광야에서 살았었지만, 모세가
십계명 돌판을 가지고 산을 내려왔을 때, 그는 금송아지와
더불어 자행된 민족적 우상숭배를 보게 됐다. 그 결과 하나
님은 그의 백성과 함께 거하기를 원치 않으셨다(오직 모세만이
실제로 주님을 '보았다'). 그리고 (단 두 사람만 제외하고) 모든 사람은
약속의 땅에 들어가지 못하고 죽음을 당하게 됐다. 혹은 만
약 여기 "나"라는 단어가 아담을 의미한다면, 7:11의 내용에
잘 들어맞는다. "죄가 기회를 타서 계명으로 말미암아 나를

속이고 그것으로 나를 죽였다." 다시 말해, 이는 창세기 3장의 언어를 반향하면서, 뱀이 하나님이 먹지 말라고 하셨던 금지를 악용하고, 아담(그리고 하와)을 속여서, 결국에는 그들을 죽음에 이르게 했다는 것이다.

하지만 이런 가능한 대안들을 모두 완전하게 연구한다면, 지금의 논의로부터 너무나 멀리 벗어나게 될 것이다. 결국, 간단히 말해서, 지금의 요점은 로마서 7장을 기독교인이 되기 전 죄에 대한 바울의 인식이라고만 볼 필요가 없다는 것이다. 바울의 강건한 양심은 새 관점의 입장을 위해 남아 있다.[16]

## 행위를 근거로 하는 유대교: 로마서 10:3

만약 바울의 유대교 배경에서 은혜가 매우 강조됐고, 유대교가 행함을 통해 하나님의 용납을 얻으려는 시도로 특징

---

16. 분명히 해 둘 것은, 롬 7장의 "나"에 대한 수사학적 접근법이 새 관점의 표준은 아니라는 사실이다. 전통적 입장의 해석자들 모두가 자서전적 입장을 선호하는 것은 아니듯이 말이다. 예를 들어, 더글라스 무(Douglas J. Moo)는 여러 가지 차원에서 새 관점의 오류를 지적하지만, 롬 7장에 대해서는 수사학적 접근법을 선호한다("나" = 이스라엘). Moo, "Israel and Paul in Romans 7:7–12," 122–35.

지어지지 않는다면, 바울은 왜 그와 반대되는 것처럼 보이는 언어를 두 차례나 사용한 것인가? 로마서에서 바울은 유대인에 대해서 이렇게 말한다.

> 하나님의 의를 모르고 그들 자신들의 의를 세우려고 힘써 하나님의 의에 복종하지 아니했느니라. (롬 10:3).

'그들 자신들의 [의를] 세우려고 힘써'라는 말은 분명 그들이 율법에 복종함으로써 자신들의 의로운 지위를 얻기 위해 노력했다는 것처럼 들린다. 그리고 과거 그의 유대적 입장과는 대조적으로 자기 자신에 대해 이야기할 때, 바울은 이렇게 말한다.

> [그리스도] 안에서 발견되려 함이니 내가 가진 의는 율법에서 난 것이 아니요 오직 그리스도를 믿는 믿음으로 말미암은 것이니 곧 믿음으로 하나님께로부터 난 의라. (빌 3:9)

두 구절 모두 은혜로 말미암아 아낌없이 주어진, 그리스도 안에 있는 하나님의 의와 자기 자신 및 자신의 행함과 노력으로 말미암는 '자기 의'를 대조하는 것처럼 보인다. 그것은 '그리스도를 믿는 믿음'을 통해서가 아니라 '율법으로부터' 온다. 율법 대 그리스도. 자기 자신의 의를 위한 행함 대 그리스도를 믿는 믿음을 통해 하나님께 받음. 이러한 것들이 새 관점을 비판하는 사람들이 대조하는 방식들이다.

　　새 관점과 입장을 같이 하는 저자들은 그 해결책이 실제로 너무나도 간단하다고 대답한다. 바울이 유대인의 의를 가리켜 '그들 자신들의' 것이라고 말할 때, 이는 그들이 행함으로 스스로 성취한 것을 의미하지는 않는다. 오히려, 그것은 한 백성으로서 그들에게 속해 있는 의다. 곧 그것은 그들의 언약적 지위의 특징이다. 그것은 '그들 자신들의 것'이다. 곧, 그들의 유대 언약적 의라는 지위다. 다시 말해서, 다른 사람이나 다른 부류와는 대조되는 것으로서 그들의 것이라는 말이다.[17] 유대인들이 그것을 유지하거나 확립하고자 노력했다는 것은 율법주의적인 노력을 의미하지 않고, 바울이 다른 곳에서 "자랑함" 또는 "율법의 행위들"이라고 비판했던, 바

---

17.　이것이 여기에 사용된 그리스어 형용사(*idios*)의 일반적 의미다. 바울이 "나 자신의" 의에 대해 언급한 것(빌 3:9)은 집단적 정체성보다 개인적 성취를 가리키는 것처럼 보일 수도 있다. 그러나 전체 단락은 바울이 유대적 정체성과 결속되어 있는 부분을 강조하고 있기 때문에 (빌 3:2-11), 그는 단순히 '한 사람의 열성적 유대인으로서의 나에게 속한 의'를 의미했을 수도 있다.

로 그 유대적 정체성에 대한 의존을 의미한다(롬 3:27-31).[18] 결국 유대인들의 문제는 율법주의가 아니라 칭찬받을 만할, 하나님을 향한 열심의 무지함이다(롬 10:2). 라이트의 번역은 새 관점의 의미를 잘 드러내 보여준다.

> 그들은 하나님의 언약적 신실함에 대해 무지했고, 그들 스스로 언약적 지위를 세워 보고자 시도했다. 그래서 그들은 하나님의 신실하심에 복종하지 않았다.[19]

## 아브라함의 행위-의: 로마서 4장

많은 새 관점 반대자들에게 특히 한 본문은 결정적이다.[20]

---

18. "동사(establish, '세우다')는 … 이전에 존재하지 않았던 어떤 것을 … 유발하는 것을 의미하는 것이 아니라 … 이미 존재하고 있던 어떤 것을 확립하는 것을 의미한다. … 그들은 하나님이 이미 그들에게 주신 것을 세우고 확증하고자 노력했다." (Dunn, *Romans 9-16*, 595) [= 『로마서: 9-16』, 솔로몬, 2005].

19. Wright, *Paul for Everyone: Romans: Part 2*, 22 [= 『모든 사람을 위한 로마서 2: 9-16장』, IVP, 2019]. 추가로 Wright, "The Letter to the Romans," 654-55 [= 『로마서』, 에클레시아북스, 2014]도 참고하라.

20. 예를 들어, Visscher, *Romans 4 and the New Perspective on Paul*을 보라.

> 그런즉 육신으로 우리 조상인 아브라함이 무엇을 얻었다
> 하리요? 만일 아브라함이 행위로써 의롭다 하심을 받았으
> 면 자랑할 것이 있으려니와 하나님 앞에서는 없느니라. 성
> 경이 무엇을 말하느냐? "아브라함이 하나님을 믿으매 그것
> 이 그에게 의로 여겨진 바 됐느니라." 일하는 자에게는 그
> 삯이 은혜로 여겨지지 아니하고 보수로 여겨진다. 그러나
> 일을 아니할지라도 경건하지 아니한 자를 의롭다 하시는
> 이를 믿는 자에게는 그의 믿음을 의로 여기신다. (롬 4:1-5)

신분 표지(identity markers)라는 의미로서의 '율법의 행위들'에
대해서는 아무것도 말하지 않고, 그저 '삯'을 상환받아야 할
인간의 노력("일하는 자")이라는 의미로서의 '행위들'만 언급된
다. 일을 해서 삯을 받는다는 상업적 어조가 뚜렷해 보인다.
그래서 바울은 그러한 행위를 '은혜로서' 그리고 '일을 아니
할지라도' 의를 가져다 주는 아브라함의 믿음과 대조한다.
새 관점이 부인하고자 하는 것, 즉 얼마나 많이 일을 했느냐
에 근거한 율법주의적인 획득이라는 사고방식이 틀림없이
바울의 주장의 한가운데에 놓여 있는 것처럼 보인다. 여기에
종교개혁에서 강조했고 샌더스와 새 관점이 바울과 유대교

해석에 대하여 의문을 제기했던 믿음 (혹은 선물) 대 행위의 대
조가 있다.

다른 바울의 본문들에 관한 주석과 마찬가지로, 로마서 4
장에 대한 표준적인 새 관점 해석이라는 것은 존재하지 않는
다. 그러나 그런 저자들은 대개 이 부분에도 강한 언약적 맥
락이 실제로 존재한다는 사실을 보이려 시도할 것이다.[21] 로
마서 3:29-31에서 바울은 하나님이 유대인과 이방인 모두를
"율법의 행위들"이 아니라 "믿음으로" 의롭게 하신다는 사
실에 주목했다. 구약에서는 하나님의 언약 백성의 정체성이
유대적 정체성('율법의 행위들')과 연관되는 것처럼 보였지만,
바울은 그러한 연결을 부정하기 때문에, 이것은 4장으로 이
어지는 질문을 제기한다. "그런즉 우리가 믿음으로 말미암아
율법을 파기하느냐?"(롬 3:31). 이렇게 바울은 언약 백성의 조
상인 아브라함을 자세히 살펴보고 그가 믿음으로 의롭게 됐
는지, 아니면 (율법의) 행위들로 의롭게 됐는지를 따져볼 수
있는 자리를 마련한 것이다.


　　그런즉 육신으로 우리 조상인 아브라함이 무엇을 얻었다

---

21.　특히, 롬 4장을 다루는 것에 관해서는, Wright, "The Letter to the
　　　Romans"를 참고하라.

하리요? 만일 아브라함이 행위들로써 의롭다 하심을 받았
으면 자랑할 것이 있으려니와 하나님 앞에서는 없느니라.

(롬 4:1-2)

여기에서 행위들에 대한 자랑은 조금 앞에 있는 로마서
3:27-28에서 말했던 율법의 행위들에 대한 자랑을 가리키지
만, 여기서는 '율법의 행위들'을 간단하게 "행위들"이라고 줄
여서 말한다. 다시 말해, 공로를 주장할 만한 인간의 노력이
아닌, 유대적 정체성 표지('율법의 행위들')를 염두에 두고 있는
것이다. 그리고 나서 바울은 창세기 15:6을 인용한다. 그것은
"여기 아브라함이 하나님이 약속을 주신 신실한 아브라함이
아니라, 불경건한 우상숭배자였다가 개종자가 된 사람의 전
형으로서의 아브라함이다"라는 사실을 주장하기 위함이다.[22]
아브라함은 약속을 받았고 의롭다 함을 받았다. 비록 그는
여전히 할례를 받지 않았고, 엄밀히 말하자면 '불경건한' 이
방인이었지만 말이다. 나중에 가서야 할례를 통해(창 17장) 유
대적 정체성이 작동하게 됐다(롬 4:9-12을 보라).

이는 여전히 문제가 되는 4절을 미해결 상태로 남겨둔다.

---

22. Dunn, "The New Perspective on Paul: Whence, What, and
Whither?" 48.

"일하는 자에게는 그 삯이 은혜로 여겨지지 아니하고 보수로 여겨진다." 새 관점 저자들은 이 구절에 존재하는 것처럼 보이는 '구원을 획득하다'(earning salvation)는 개념을 어떻게 피할 수 있을까? 일반적으로 그들은 주장하기를, 이 상업적 메타포(삯은 은혜로 주어지는 것이 아니다)는 바울의 주장에서 부차적인 위치에 있기에 어떤 중심적인 신학 정보로 격상되어서는 안 된다고 말한다.[23] 던은 은혜로 여겨지는 것과 이전의 신실함에 대한 대가로 여겨지는 것 사이의 대조가, 전통적인 해석에서는 일반적으로 **최종적**(final) 칭의를 염두에 두고 있지만('행위를 통한 구원'), 아브라함의 **처음**(initial) 칭의를 가리키는 것이라고 덧붙인다. 사실 요점은 굉장히 간단하다. 하나님이 처음 아브라함을 의롭다 여기신 것은 아브라함이 어떤 신실한 행동이나 어떤 행위들을 하기 전에 (그런 행위들과 별개로, 그런 행위들 없이) 일어났던 일이다.

---

23. "바울의 주요한 주장은 '행위들'(즉, 토라의 행위들)이 아브라함의 칭의의 근거가 아니라는 것이다. '행함'이라는 개념은 나중에 4-5절에서 은유적인 차원에서 삯을 받기 위해 일을 한다는 개념으로 확장된다." Wright, "The Letter to the Romans," 490.

## 에베소서 2:8-10; 디모데후서 1:9; 디도서 3:5-6

논쟁이 되는 바울서신의 몇몇 구절은 틀림없이 새 관점 저자들이 바울의 생각 속에 없었다고 말하는 은혜 대 행위의 대조를 정확히 가리키고 있는 것처럼 보인다.

> 너희는 그 은혜에 의하여 믿음으로 말미암아 구원을 받았으니 이것은 너희에게서 난 것이 아니요 하나님의 선물이라 행위에서 난 것이 아니니 이는 누구든지 자랑하지 못하게 함이라. (엡 2:8-9)

> [하나님이] 우리를 구원하사 거룩하신 소명으로 부르심은 우리의 행위대로 하심이 아니요 오직 자기의 뜻과 영원 전부터 그리스도 예수 안에서 우리에게 주신 은혜대로 하심이라. (딤후 1:9)

> 우리를 구원하시되 우리가 행한 바 의로운 행위로 말미암지 아니하고 오직 그의 긍휼하심을 따라. (딛 3:5)

확실히 이 본문들은 하나님의 은혜와 자비가 아닌 자신의 의로운 행위들, 곧 '자신의 행함'을 통한 구원을 주장하는 사람들이 있었음을 가정하고 있다. "저자는 결국 자기 만족으로 이어지는 인간의 노력으로 구원을 얻는다는 개념을 모두 차단하고자 한다."[24]

　　이 구절들에서 제기된 새 관점을 향한 분명한 도전들에도 불구하고, 이 관점을 추종하는 저자들은 이 경우들에 대해 "이상하리만큼 침묵하고 있다." 왜냐하면 이 구절들은 바울의 글로 간주되지 않기 때문이다.[25] 몇 안 되는 새 관점 저자들의 답변들 가운데, 다음에 이어지는 글은 일반적인 접근법을 나타내 보여준다.

　　　　[엡 2:9에] 등장하는 하나님의 백성들을 구원에 이르게 하지
　　　　못하는 "행위들"은 "율법의 행위들"의 줄임말이다. 결국 이
　　　　행위들은 10절에서 하나님의 백성들이 부르심을 받은 그
　　　　"선한 일들"이 아니다. 유대인/이방인의 문제가 여전히 고
　　　　려되고 있음은 이어지는 2:11-3:13을 통해서도 분명히 드러
　　　　난다.[26]

24.　Lincoln, "Ephesians 2:8-10," 628.
25.　Weedman, "Reading Ephesians," 81.
26.　Mattison, "Confronting Legalism or Exclusivism?" 비슷한 주장은 다음 책에서도 발견된다. Thompson, *The New Perspective on Paul*, 17.

그러므로 '율법의 행위들'이라는 어구가 이 구절들에서 사용되지는 않았더라도, 이 구절들은 갈라디아서와 로마서에서 발견되는 것과 같은 종류의 논쟁을 다루고 있는 셈이다.[27]

## '피스티스 크리스투'는 무엇인가?

종종 새 관점에 대한 논의와 함께 다루어지는 논쟁은 바울이 사용한 그리스어 어구 '피스티스 크리스투'(*Pistis Christou*, "그리스도의 믿음", KJV)의 의미에 대한 것이다. 이 어구를 번역하는 방식들은 다음과 같다.

- "그리스도를 믿는 믿음"(faith in Christ): '목적격적 속격' 방식. 이때 '그리스도'가 믿음의 대상이 된다.

- "그리스도의 신실함"(faithfulness of Christ): '주격적 속격'의 방

---

27. 또 다른 가능성: 이 구절들은 구원의 최종적 획득보다는 구원받은 백성 혹은 선택된 백성이 되는 처음 진입에 집중한다("우리를 거룩한 부르심으로 부르사"). 이 구절들에서 대답하는 질문은 '천국에 들어가기 위해서 내가 무엇을 해야 하는가?'가 아니라 '애초에 하나님이 나를 사랑하시고, 부르시고, 택하셔서 구원하신 이유가 무엇인가?'이다. 답은 '하나님의 넘치는 자비 밖에는 없다'는 것이다.

식. 이때 '그리스도'가 믿음(혹은 신실함)의 주체가 된다.

구체적인 바울서신 본문에 적용되면 이 둘의 차이는 분명해
진다.

> 우리는 사람이 의롭게 되는 것이 율법의 행위들에 의한 것
> 이 아니라 오직 예수 그리스도를 믿는 믿음을 통해(through
> faith in Jesus Christ) 된다는 것을 압니다. (갈 2:16)

지금 인용한 NRSV 번역은 다른 대부분의 현대 영어 번역본
들과 마찬가지로, 목적격적 속격 방식을 택하고 있다.[28] 우리
의 '예수 그리스도를 믿는 믿음'은 (우리의) 율법의 행위들과
대조를 이룬다. 이것은 분명 믿음과 행위 사이의 전통적인
대조와 매끄럽게 어우러질 수 있다(반드시 그런 것은 아니다. 아래
를 참고하라).

　반면에 NET는 다른 수많은 현대 주석가들을 따라서 주
격적 속격을 선택하여 번역한다. "우리는 아무도 율법의 행

---

28.　한 가지 흥미로운 예외는 by the faith of Jesus Christ("예수 그리스도
　　의 믿음을 통해")라고 번역한 KJV이다. 하지만 NKJV에서는 by faith
　　in Jesus Christ("예수 그리스도를 믿는 믿음으로")로 수정됐다.

위로 말미암아 의롭게 될 수 없고 오직 예수 그리스도의 신
실함으로(by the faithfulness of Jesus Christ) 말미암는다는 것을 압
니다." '그리스도의 믿음/신실함'이라는 번역은 믿음 대 행
위의 대조를 약화시키는 듯 보이며, 따라서 새 관점의 선택
지인 것처럼 보인다. 하지만 그것은 사실이 아니다. 사실 이
논쟁에 대한 새 관점의 표준적인 입장은 없다. 던은 "그리스
도를 믿는 믿음"이라는 입장을 취하면서, 이 선택은 새 관점
과는 별 상관이 없다고 말한다.[29] 라이트는 '그리스도의 신실
함'의 입장을 취한다. 곧, 그리스도가 이스라엘이 실패했던
언약적 신실함을 수행하셨다는 것이다. 양측 모두는 상대방
에게 있는 바울의 존재를 인정한다. '그리스도의 믿음'을 주
장하는 사람들은 그리하여 그리스도를 믿는 우리의 믿음이
무의미하게 되지 않는다는 것을 확신한다. '그리스도를 믿는
믿음'을 주장하는 사람들은 칭의의 근거가 그리스도의 삶과
죽음이지 우리의 믿음이 아니라는 것을 확신한다. 새 관점을
위해 이 문제에 대한 특정한 결정이 필요하지는 않다.[30]

---

29.   Dunn, "In Search of Common Ground," 292n16.
30.   더 자세한 내용을 알고자 하면, Hays, *The Faith of Jesus Christ*, 249-97
      [= 『예수 그리스도의 믿음』, 에클레시아북스, 2013]을 보라.

# 제7장
# 신학적 우려

     앞선 두 장에서 다루었던 논쟁들은 학계에서 많은 관심을 보인 경향이 있었던 반면에, 이번 장에서 새 관점에 관해 제기된 신학적 논의들은 확실히 광범위한 청중으로부터 관심을 받았다. 이 신학적 논의들은 좀 더 일반적인 교회의 청중을 대상으로 하는 교회 웹사이트, 설교, 서적, 바울에 관한 소책자에서 상당히 열띤 토론이 진행됐던 문제들이다.

     문제가 되는 것은 다름 아닌 복음 그 자체, 곧 그리스도 안에 있는 구원의 기쁜 소식에 대한 교회의 선포다. … 결국 새 관점은 종교개혁이 증거했던 복음이 아니라 다른 복음

을 제시한다.[1]

소위 바울에 관한 새 관점의 옹호자들에 의해 공식화된 최
근의 칭의 교리에 대한 개정은 다름 아니라 종교개혁의 신
조적이고 교리적인 전통 안에 세워질 것을 추구하는 프로
테스탄티즘에 대한 근본적 거부일 뿐 아니라, 사실상 적어
도 아우구스티누스(Augustine)로 거슬러 올라가는 칭의에 관
한 서구 전통 전체에 대한 근본적 거부인 셈이다.[2]

종교개혁에 대한 거부가 … 새 관점의 주요 강령이다.[3]

## 개신교 종교개혁에 대한 거부?

바울에 대한 종교개혁 전통의 접근법은 근본적으로 잘못
됐다.[4]

---

1. Venema, *The Gospel of Free Acceptance in Christ*, ix–x.
2. Trueman, "The Portrait of Martin Luther in Contemporary New Testament Scholarship," 1.
3. Zahl, "Mistakes of the New Perspective on Paul," 7.
4. Watson, *Paul, Judaism, and the Gentiles*, 1.

만약 이 인용문이 새 관점 저자들의 전형이라고 한다면, 개
신교 종교개혁, 특히 루터교와 개혁파 전통에 동조하는 기독
교인들이 왜 새 관점에 의해 공격을 받았다고 느끼는지를 어
렵지 않게 알 수 있을 것이다. 그래서 한 저자는 새 관점에
대한 자신의 책의 부제를 "'루터교적 바울'과 그의 반대자
들"(The 'Lutheran Paul' and His Critics)이라고 붙이기도 했다.[5]

　이 혐의에 대한 대응은 어떤 면에서 단순하다. 일부 새
관점 저자들은 실제로 자신의 입장을 개신교 종교개혁의 핵
심 통찰에 대하여 도전하거나 심지어 전복하는 입장으로 간
주한다. 그런데 대부분의 다른 이들은 절대 그렇지 않다.[6] 개
인적으로 그러한 혐의는 저격 내지 확실치 않은 비방이라고
생각한다. 그 이유는 앞선 제4장을 통해 명확해진 바와 같이,
새 관점을 주장하는 사람들은 수많은 논쟁점에 대해 상당히
다양한 견해를 나타내 보이고 있기 때문이다.

　'우리는 종교개혁을 거부한다'라는 말이 새 관점 옹호자
들의 전형적 진술일 리는 만무하기 때문에, 이 혐의를 제기
하는 이들은 대개 훨씬 더 구체적인 무엇을 마음에 두고 있

---

5.　Westerholm, *Perspectives Old and New on Paul*.
6.　종교개혁 전통 입장에서 새 관점을 옹호하는 것을 보려면, Garling-
　　ton, *In Defense of the New Perspective on Paul*, 9–11을 참고하라.

을 것이다.


## 새 관점은 '오직 믿음을 통해,
## 오직 은혜로 말미암는 칭의'라는
## 루터의 핵심 통찰을 부정하는가?


오직 믿음으로 말미암는 칭의의 교리는 아마도 종교개혁의 **필수 요소**(*sine qua non*)이기 때문에 이러한 확신을 침해하는 것이라면 무엇이든 심각한 위협으로 간주될 수 있음은 충분히 이해할 만하다. 그래서 유명한 목사이자 학자인 한 사람은 최근 N. T. 라이트의 입장이 어떻게 종교개혁의 칭의 이해를 부인하는 것과 다름 없는지에 대해서 한 권의 책을 저술했다.[7] 라이트는 자신의 종교개혁적 정통성을 옹호하는 가운데 이에 대한 대답을 한 권의 책으로 출간했으며, 다른 새 관점 저자들도 마찬가지로 칭의에 대한 자신들의 입장은 반-루터주의적이지 않다고 주장했다.[8] 그러면 여기서의 진정

---

7.    Piper, *The Future of Justification* [= 『칭의 논쟁』, 부흥과개혁사, 2009].

8.    Wright, *Justification* [= 『톰 라이트, 칭의를 말하다』, 에클레시아북스, 2016]; Dunn and Suggate, *The Justice of God*.

한 논점은 무엇이고, 새 관점 저자들은 이에 대하여 어떻게 대응했는가?

### 더 이상 중심에 있지 않는 칭의

첫째, 이신칭의는 바울신학을 체계화하는 주요한 특징인가? 이는 일반적으로 종교개혁 전통에서 바울을 이해하는 방식이었다. 이것은 새 관점 저자들이 바울을 읽는 방식은 아니다. 새 관점 저자들 대부분은 바울의 사상에서 칭의를 "보조 분화구"(subsidiary crater)로 격하시키는 것을 원하지는 않았지만[9] 중심적 위치로부터 이동시킨다. 하지만 새 관점에 대해 공정하게 말하자면, 이것이 정말 종교개혁을 부인하는 것과 다름 없는지 여부는 종교개혁의 역사 및 신학 분야 전문가들 사이에서도 열린 문제이다. 분명 장 칼뱅(John Calvin)에게 있어서는 칭의보다 하나님의 주권과 그리스도와의 연합이 좀 더 유기적 중심으로서의 역할을 했을 것이며, 루터의 "중심"도 마찬가지로 간주된다.[10]

---

9. 이것("보조 분화구")은 알베르트 슈바이처(Albert Schweitzer)가 사용한 것인데, 특정한 유대인 반대자들을 대항하여 싸울 때만 바울이 사용했던 부차적인 개념을 가리키는 용어다.

10. Kennedy, *Union with Christ*; 또한 Braaten and Jenson, *Union with Christ*를 참고하라.

## 법정적 칭의의 부정

　둘째, 새 관점은 법정적 칭의를 부정하는가? 지금 이 용어에 익숙하지 않은 사람들을 위해서 말하자면, 종교개혁의 탁월함 가운데 하나는 하나님이 그리스도의 사역에 근거하여 이를 단순한 믿음으로 받아들인 죄인을 의롭다고 선언하신다는 발견이었다. 그러므로 칭의는 믿는 죄인이 이제 의롭게 여겨져 무죄가 됐다는 하나님의 선언을 의미한다. '법정적'(forensic)은 법률 또는 법정이라는 배경을 의미한다. 그러므로 법정적 칭의는 마치 판사가 '무죄' 판결을 선고하는 것과 같다. 불의한 죄인들은 그리스도의 죽음과 부활로 인해 '무죄'로 또는 '의롭다'고 선언된다. 죄인들은 이 판결을 받기 위해 어느 무엇도 '행하지' 않고도, 단지 선포된 복음을 믿는 믿음으로 말미암아 그것을 얻게 된다. 가톨릭에 속한 루터의 반대자들은 이것을 법적 허구라고 조롱하며, 하나님은 그저 죄인을 의롭다고 **선언하시는** 것이 아니라 실제로 그 죄인을 의롭게 **만드신다고** 주장했다. 다시 말해, 로마가톨릭 신학에서, 칭의는 그저 법정적이기만 한 것이 아니라, 그것은 또한 변혁적이다. 그러나 루터에게 있어서 칭의를 비록 아주 조금일지라도 윤리적 변혁에 의존하도록 만드는 것은, 즉 죄인의 변화된 삶에서 나타난 선행에 아주 조금이라도 의존하도록 만드는 것은, 오직 믿음으로 말미암는 칭의에 대한 확신을 모두 내던지는 것이다. 그래서 루터는 이렇게 반문한다. '그러면 내가 정말 의롭게 됐다는 확신을 갖기 위해서는 얼마나 변화되어야 한다는 말인가?'

칭의와 성화(윤리적 변혁)의 관계에 대해서는 아래에서 살펴볼 것이기에, 새 관점과 법정적 칭의에 대한 문제로 다시 돌아가보자. 던과 라이트 모두는 칭의의 법정적 성격을 인정한다. 하지만 그들은 이것이 그 자체로 그것에 대한 충분한 설명인지에 대해서는 의문을 제기한다.[11]

### 의의 전가는 이제 그만

이는 우리로 하여금 곧바로 칭의와 연관된 세 번째 문제로 인도한다. 새 관점은 전가된 의(imputed righteousness)를 부정하는가? 이에 대해서도 간략한 설명이 필요하다. 만약 죄인들 스스로가 의롭지 않고, 하나님은 악한 자를 의롭다고 선언하지 않으신다면("나는 악인을 의롭다 하지 아니하겠노라", 출 23:7), 어떻게 하나님이 불경건한 자를 의롭게 하신다는 것인가? 답은 이것이다. 하나님은 예수 그리스도의 완전한 의를

---

11. 예를 들어, Wright, *What Saint Paul Really Said*, 특히 제7장을 참고하라. [=『톰 라이트, 바울의 복음을 말하다』, 에클레시아북스, 2011].

취하셔서 그 의를 죄인의 것으로 돌리신다('간주하신다')는 것
이다. 신자를 바라보실 때, 하나님은 죄인으로 보시지 않고
그리스도의 의로 옷 입은 사람으로 보신다. 일종의 교환이
이루어지는 것이다. 그리스도는 신자의 죄를 취하시고, 신자
는 그리스도의 의를 취하게 되는 것이다. 하나님은 죄인을
의롭다고 선언하신 것이 아니라, 당신이 공정하게 무죄로 방
면한 의인을 보신다는 것이다. 여기서 핵심적인 본문은 바울
이 창세기 15:6을 인용한 로마서 4:3이다. "아브라함이 하나
님을 믿으매, 그것이 그에게 [전가된] 의로 여겨진 바 됐느니
라."

　　그러면 새 관점은 이 전가의 교리를 부정하는가? 이에 대
한 대답은 이렇다. 일부는 그렇지만, 다른 일부는 그렇지 않
다.[12] 새 관점에 속한 대부분의 사람들에게, 이 문제는 바울의
핵심적 본문들을 해석함에 있어서 그리 중요하지 않은 것으
로 여겨진다. 그래서 라이트는 로마서 4:3의 "그것이 그에게
의로 여겨진 바 됐느니라"에 대해 이렇게 언급한다. "하나님
은 아브라함의 믿음을 언약 백성을 구성하는 것으로 간주하

---

12. 예를 들어, 갈링톤은 전가보다 '그리스도와의 연합'을 선호한다.
　　Garlington, "Imputation or Union with Christ?"를 참고하라.

셨다."[13] 라이트에게 있어서, 여기에 등장하는 의는 율법에 대한 그리스도의 완전한 순종을 가리키는 것이 아니라, 언약 백성 됨을 가리키는 것이기 때문에, 라이트는 그리스도의 의를 아브라함의 것으로 여기는 문제를 그다지 고려하지 않는 것이다.

이 혐의와 관련하여 더 큰 문제는 동일한 답변('일부는 그렇지만, 다른 일부는 그렇지 않다')이 새 관점 논쟁과는 별개로 신학자들과 성서학자들에게 적용된다는 사실이다. 그래서 절대 스스로를 새 관점 입장에 서 있다고 생각하지 않을 신약학자인 건드리(Robert Gundry)는 바울이 전가를 가르쳤다는 생각에 대해 도전했다.[14] 또한 전가는 개신교 종교개혁의 신학적 후예들 사이에서도 보편적으로 받아들여지지는 않았다.[15] 좀 더 근본적으로, 이 논쟁의 구체적인 측면은 마치 초기 종교개혁자들 사이에서는 이 문제에 관해 합의가 있었던 것처럼 여기

---

13. Wright, "The Letter to the Romans," 491.

14. Gundry, "The Nonimputation of Christ's Righteousness," 17-45. 이 글이 실려 있는 책(*Justification: What's at Stake in the Current Debates?*)은 그 전체가 전가에 관해 이루어진 광범위한 논쟁을 다룬 탁월한 개론서다. 건드리의 이 글에 대한 답변은 같은 책 안에 실려 있다. Carson, "The Vindication of Imputation," 46-78.

15. Warfield, "Imputation," 465-67을 보라. 예를 들어, 성공회와 웨슬리 전통 모두는 이 문제와 관련하여 루터와 일치하지 않는다.

는 가운데 "종교개혁 전가 교리"를 확인하려는 데 있다.[16] 새 관점을 지지하는 사람들 중 일부가 전가에 대한 특정한 이해를 거부한다는 이유로 새 관점이 '종교개혁에 반대한다'고 비난하는 것은 조금 불공평하다. 비난은 이런 식으로 이루어져야 한다. '일부 새 관점 지지자들은 일부 개혁 신학자들이 종교개혁에 있어 본질적인 것으로 붙드는 것을 거부한다.'

## 옆문으로 들어온, 선행을 통한 구원으로 살며시 되돌아 가고 있는가?

의심의 여지없이 이것은 목회적이고 신학적인 차원에서 제기되는 새 관점을 향한 근본적 우려라 할 수 있다. 왜냐하면 이것은 다른 수많은 분야에도 영향을 미칠 수 있기 때문이다. 만약 우리의 최종적 구원이 어떤 식으로든 우리의 행위, 즉 우리의 선행과 연관되어 있다면(다시 말해, 그것에 의존한다면), 우리는 루터와 종교개혁을 통해 얻게 된 위안과 확신을 모두 잃게 되는 것은 아닌가? 만약 **오직**(alone) 믿음이 처

---

16. Fink, "Was There a 'Reformation Doctrine of Justification'?" 205–35.

음 그리고 최후 심판 모두에 있어서 우리의 칭의를 보증하는
것이 아니고, 믿음에 **더해서**(plus) 어느 정도의 순종을 요구한
다면, 우리는 현세에서 우리의 구원에 대한 어떤 확신도 가
질 수 없게 된다. 만약 우리가 최종 구원을 얻기 위해서 우리
의 믿음에 일정 정도의 순종을 더 추가해야 한다고 생각한다
면, 필연적으로 우리는 종교개혁이 구출해 주었던 바로 그
율법주의에 다시 빠질 수밖에 없다.

　새 관점을 비판하는 대부분의 사람들은 곧장 이렇게 덧
붙일 것이다. 이것은 기독교의 순종을 중요하지 않게 만들려
는 것이 아니다. 마치 누군가가 처음에는 그리스도에 대한
구원 얻는 믿음을 발휘하다가 나중에는 악마처럼 살 수 있는
것처럼 말이다. 하지만 전혀 그렇지 않다. 칭의에 상응하는
성화 없는 최종적 칭의란 있을 수 없다. 종교개혁자들은 항
상 칭의와 성화가 분리되지 않도록 주의를 기울였다. 둘 다
다른 쪽이 없이는 존재할 수 없다. 그러나 이 둘은 혼용되거
나 섞일 수도 없다. 칭의는 오직 믿음으로 말미암는다. 비록
성화는 필연적으로 기독교인의 삶에서 칭의에 뒤따라 나오
게끔 되어 있지만, 순종으로 귀결되는 이러한 삶은 믿음으로
말미암는 신자의 칭의에는 어떤 영향도 미치지 않는다. 이
두 영역은 반드시 구분되어야 한다(분리가 아니라!). 그렇지 않

으면, 모두를 잃게 된다.[17]

칭의에 대한 도전들과 마찬가지로, 이것 역시 처음 들을 때 생각할 수 있는 것보다 문제가 더 복잡하다. 더불어 새 관점은 주로 신약 해석의 문제, 성서학의 문제임을 독자들에게 다시금 상기시켜주는 것이 유익할 것 같다. 새 관점 지지자들의 우선적인 (그리고 때로는 유일한) 관심사는 목회적 질문('이것이 오늘의 목회와 기독교인들의 삶에 어떤 영향을 미칠 것인가?')이 아니라, '바울이 말했고 의미했던 것은 무엇인가?'라는 물음에 놓여 있다. 그러므로 새 관점 저자들 사이에서의 다양성을

---

17. 개인적인 편지에서 갈링턴은 나에게 *ordo salutis*("구원 서정")와 *historia salutis*("구원 역사")를 구별하는 것이 여기에 도움이 될 수 있을 것이라고 제안해 주었다. *ordo salutis*는 구원에 있어서 각기 다른 신학적 요소들의 논리적 순서를 가리킨다. 예를 들어, 우리는 거듭나기 전에 구원 얻는 믿음을 발휘하는가, 아니면 어떤 신적인 '살리는' 일은 인간의 타락보다 먼저 일어나야 하는가(적어도 논리적으로)? *historia salutis*는 이러한 구원 과정에 대한 우리의 경험을 가리키는데, 이 경우에는 이러한 요소들 가운데 많은 것들이 동시에 그리고 다소 구분이 안 될 정도로 함께 발생하는 것처럼 보인다. 비록 논리적으로 볼 때 중생이 믿음에 선행하지만(모든 기독교 전통에서 받아들이진 않을 것이다), 우리 자신의 경험을 생각해 보아도, 우리는 결코 그리스도를 믿기 전에 어떤 내적인 변화를 인식하도록 기다리지는 않는다. 그러므로 칭의와 성화의 엄격한 구분을 강조하는 사람들은 특히 *ordo salutis*에 관심을 두고 있는 반면에, 이 둘을 분리하는 것에 대해 경고하는 사람들은 특히 *historia salutis*를 염두에 둔 결과일 것이다.

다시금 생각해보면, 그러한 혐의는 일부 지지자들에게는 중요할 수도 있겠지만, 다른 이들에게는 중요하지 않을 수도 있다. 다음에 이어지는 내용은 전자에 해당하는 그룹의 전형적인 반응들을 보여주고자 한다.

### 구원의 확신과 새 관점

첫째, 새 관점은 기독교인의 구원에 대한 확신을 훼손하는가?[18] 대답은 '아니오'다. 그러나 참된 확신과 거짓된 확신 사이의 차이, 또는 종교개혁 시대 있었던 논쟁 언어로 말하자면, 믿음의 확신(라틴어로 *certitudo*)과 철저하게 주관적인 (또는 지적 차원의) 확신(라틴어로 *securitas*) 사이의 구분은 유지한다. 루터는 후자의 확신(*securitas*)이 "믿음을 취소한다"고 말했다.[19] 다시 말해, 주관적인 확신, 주제넘은 자신감은 도리어 믿음을 파괴한다는 것이다. 우리가 무엇인가를 확실히 알고 있다고 생각하는 것은 믿음과는 다르다. 실제로 무엇인가를

---

18. "기독교인의 확신은 기독교인의 경험의 주변부로 밀려나게 된다. 새 관점에 의하면, 구원은 본질적으로 불확실하다(아니면 종잡을 수 없다). 구원은 예측할 수 없는 우리의 순종이라는 수단에 의존한다." Middleton, "Pastoral Implications."

19. M. Luther, *Die fünfte Disputation gegen die Antinomer*, 1538, WA 39/1, 356, 25; Jüngel, *Justification*, 246에서 재인용.

아는 것은 일반적으로 그것이 사실이라는 것에 대한 믿음을 불필요하게 만든다. 그 반대도 마찬가지다. "믿음의 확신 (*certitudo fidei*)은 … 거짓된 확신(*securitas*)을 배제한다."[20] 이 기쁨에 찬 확신은 신뢰로부터, 곧 믿음으로부터 분리될 수 없다. 이것이 바로 **'믿음의 확신'**이라고 지칭되는 이유다. 이 확신을 가지기 위해 우리는 자신을 들여다보지 않는다. 그러한 '지식' 또는 '확신'(*securitas*)이 우리 안에 있는가 하고 말이다. 오히려 우리는 우리 자신으로부터 눈을 돌려 그리스도를 바라본다. 우리는 그분께 손을 뻗어, 움켜잡고, 매달린다. 이것은 땅에서 12피트(약 3.65미터) 떨어진 나뭇가지에 매달려 있는 어린 아이의 확신이다. 그 아이의 아버지는 말한다. "손을 놔. 아빠가 잡을게." 그 아이는 자기 아버지가 거기에 있다는 사실에 감격하며 아버지로 인해 자신감을 얻기도 하지만, 동시에 고양이처럼 안절부절못하며 긴장하기도 한다(이것이 바로 주님에 대한 확신과 두려움이 공존하는 모습이다).

### 율법주의에 대해 관대한 바울

둘째, 새 관점이 구원에 선행을 슬쩍 들여놓는다는 더욱 큰 우려로 되돌아가서, '율법의 행위들'을 선행이 아니라 유

---

20. Jüngel, *Justification*, 246.

대 정체성의 표지로 해석하는 것은 더 이상 선한 행위들을
통한 구원(율법주의)을 반대하지 않는 것처럼 보인다. 새 관점
은 바울로 하여금 율법주의에 대해 관대하게 만든다. 좀 더
차분하게 새 관점 지지자들을 향해 이의를 제기해야 한다.
사실, 바울은 이 부분과 관련하여 일반적으로 인용되는 구절
들에서 선행을 반대하지 않는다. 하지만 그것은 분명 바울이
행위로 말미암는 구원을 찬성하기 위함은 아니다. 유대 신학
자로서 바울은 연약한 피조물인 인간이 자신의 노력으로 하
나님의 은혜를 얻을 수 있다고, 어떻든지 자신이 하나님에게
빚을 지울 수 있다고 생각하는 것은 얼마나 어리석은 생각인
지를 너무도 잘 알았을 것이다. 일반적으로 인용되는 구절들
에서 바울이 율법주의를 논박했던 것은 아니었다 하더라도,
이 말이 바울에게 율법주의라는 상황이 주어졌어도 그렇게
하지 않았을 것이라는 의미는 아니다. 그저 율법주의는 바울
이 교회 안에서 직면했던 문제가 아니었기에, 우리는 바울의
편지에서 율법주의에 대한 반대를 찾아보기 어려운 것이다.

# 새 관점은 로마가톨릭과 개신교 구원론의
# 차이를 흐릿하게 만든다

이 비판은 앞서 살펴본 이신칭의에 대한 우려와 상당 부분이 겹친다. 그러나 여기에는 추가적으로 몇 가지 중요한 문제들이 더 있다. 한 가지는 에큐메니즘(ecumenism, "기독교 교회 일치 운동")과 관련한 것이고, 다른 것은 신인협력주의(synergism)에 관한 것이다.

### 에큐메니즘의 한 형태

칭의에 관한 루터교와 로마가톨릭 사이의 논의는 날카로운 개혁주의적 구분점이 흐려지고 수렴점에 대해 이야기할 준비가 되어 있음을 보여준다.[21] 새 관점은 모두 같은 방향으로 움직인다. 언약적 율법주의와 구원에 대한 새 관점은 루터교보다는 로마가톨릭에 더 가까워 보인다. 확실히 그들은 '오직 믿음에 의한, 오직 은혜로'를 강조하기보다는 순종의 역할을 강조하는 듯 보인다. 그러면 이것은 크리슨덤(Christendom)의 이 분열된 종파들의 궁극적 연합을 예고하는 것인가? 많은 이들에게 이러한 에큐메니칼 연합은 종교개혁의

---

21. Reumann and Fitzmyer, *Righteousness in the New Testament*.

진전들이 상실되고 있다는 분명한 신호처럼 들려진다.

　　각기 다양한 새 관점 학자들의 개인적 견해들과는 별개로(아마도 일부는 교회 연합 쪽으로 기울어져 있을 테고, 다른 일부는 그렇지 않을 것이다), 지금 여기서 우려되는 문제는 새 관점이 취한 입장이 이러한 에큐메니칼 연합을 향하는 경향성이 있느냐의 여부일 것이다. 인터넷 사이트 "폴 페이지"(Paul Page: www.thepaulpage.com)는 새 관점의 '전망들' 중 하나를 언급한다. "가톨릭과 개신교 사이의 공통 기반을 다진다." 하지만 새 관점은 신학이나 에큐메니칼한 관계들보다는 성서학에 중점을 두고 있기 때문에, 그 전망은 교회적 연합이 아닌 '율법의 행위들', '의', '그리스도의 믿음(또는 그리스도를 믿는 믿음)', '은혜'와 같은 바울서신의 논쟁들의 공통 기반을 가리킬 것이다. 물론 이러한 것들은 의심의 여지없이 신학적이고 에큐메니칼적인 함의를 가진다. 하지만 대개 그런 함의들은 연구나 발견의 원동력이 아니다. 새 관점의 글들은 '바울에게 돌아가는 것'을 목적으로 하지, '로마로 돌아가는 것'이나 '루터에게 돌아가는 것' 또는 다른 신학적 운동이나 교회의 어떤 과거 시기로 돌아가는 것을 목적으로 삼지 않는다. 실제로 새 관점의 입장들은 개신교와 로마가톨릭의 성서학 사이의 관계 개선을 가져왔지만, 어쩌면 그것은 양쪽 모두가 '개신교적 바울'이나 '가톨릭적 바울'을 발견하려는 것을 주된 목적으로 삼지 않았기 때문일 수도 있다.

### 신인협력주의로의 배교

두 번째로, 비판자들은 새 관점이 로마가톨릭 교회의 주장과 다를 바 없는 신인협력주의(synergism, "협동설")의 한 형태를 보인다고 경계한다.[22] 이 신학적 용어는 "함께"(*syn*)와 "일하다"(*erg-*)를 의미하는 두 그리스어 단어에서 유래했다. 신인협력주의 교리는 인간의 구원이 하나님과 인간의 협력에 의한 것이라고 주장한다. 그 반대인 신단독주의(monergism, "단동설")는 인간의 구원에 있어서 효과를 미치는 주체는 오직 하나님 한 분이라고 주장한다. 신단독주의에서 볼 때, 인간은 수동적이다. 사실 인간은 무엇인가를 해야만 하며, 하나님이 행하신 일을 믿음으로 수용해야 한다. 그런데 그 수용은 실제로는 인간의 일이 아닌 것이다. 심지어 그 수용, 그 구원하는 믿음을 발휘하는 것 역시 하나님으로부터 온 선물이다.[23]

표면적으로는 비판자들이 단순한 도식을 가진 듯 보인

---

22. 이에 관한 구체적 논쟁을 보려면, Yinger, "Reformation Redivivus: Synergism and the New Perspective," 89-106을 참고하라.

23. 인터넷 사이트 Monergism.com은 이 관점을 옹호하는 여러 가지 자료들을 제공한다.

다. 샌더스의 언약적 율법주의는 유대인들이 오직 하나님의 은혜로 '들어간다'는 것을 강조했지만(선택), 유대인들은 토라에 순종함으로써 '머물렀다'. 분명 이것은 최종 구원이 오직 두 주체 사이의 협력의 결과로써(즉 신인협력주의를 통해서) 이루어진다는 것을 나타내는 듯이 보인다.

새 관점을 지지하는 저자들은 이에 대하여 다양한 방식으로 대응한다. 첫째, 비록 구원에 있어서 하나님과 인간의 협력(신인협력주의)은 교회의 많은 역사적이고 신학적인 논의에서 부정적인 용어였지만, 바울은 그것을 위한 여지를 주는 듯이 보인다는 것이다.

> … 두렵고 떨림으로 너희 구원을 이루라. (빌 2:12)

또한 여러 곳에서 바울은 인간이 은혜와 합력하는 것이 구원을 궁극적으로 수용하기 위한 필수 조건임을 나타내려는 것처럼 보인다.[24] 둘째, 루터는 동시대 로마가톨릭의 반펠라기우스주의(semi-Pelagianism)를 거부하며, 대체로 신단독주의를 지지하는 듯 보였지만, 새 관점 비판자들의 신단독주의 대

---

24.  롬 8:13, 17; 10:9; 11:22; 고전 3:17; 15:2; 갈 5:2; 또한 골 1:22-23; 딤후 2:12을 보라.

신인협력주의 구도는 이 주제에 관한 훨씬 더 복잡한 종교개
혁의 논쟁들을 가리게 한다. 실제로 종교개혁 전통의 상당
종파에서는 신단독주의 용어에 대해 불편함을 표시했으며
(예, 멜란히톤[Melanchthon]과 웨슬리[Wesley]), 복음적 신인협력주
의(evangelical synergism)라는 형태를 좀 더 나은 명칭으로 여겼
다.[25]

## 더 이상 중요하지 않은 개인 구원

이러한 우려는 특히 사회학적 범주 내지 집단 정체성 범
주에 대한 새 관점 저자들의 강조에서 비롯된다. 복음은 한
사람이 올바른 집단의 구성원으로 규정되는 것에 관한 것인
가(그리스도에 대한 믿음 또는 유대교 정체성 표지들에 의해 언약 백성으
로 규정되는 것)? 아니면 '죄인들을 향한 풍성한 은혜'에 관한
것인가? 복음의 주요한 목적은 불의한 자를 구원하는 것인
가, 아니면 민족적 장벽들을 허무는 것인가? 바울이 칭의는
율법의 행위들로 말미암는 것이 아니라고 할 때, 그는 단지

---

25. Rakestraw, "John Wesley as a Theologian of Grace," 193-203; 그리
    고 Olson, *The Mosaic of Christian Belief*, 277-86을 보라.

유대 정체성의 표지들로 충분하다는 것을 거부한 것인가?
아니면 인간의 노력에 의해 구원을 얻으려는 죄인의 개인적
시도를 거부한 것인가?

일부 새 관점 저자들은 개인 구원에 대해 많은 관심을 두
지 않는 듯이 보인다. 물론, 그들의 요지는 그런 개인주의적
관심이 비-바울적인 현대 서구의 세계관을 반영한다는 것이
다. 고대인들은 스스로를 이해할 때(즉, 개인으로서의 자기 이해),
'너 자신을 알라'는 요구에 응답한 뒤에 자신의 그룹 정체성
을 정의하기보다는 가족과 국가의 유산이라는 관점에서 스
스로를 이해했다(그룹 정체성).

그러나 다른 이들은 이러한 환원주의(reductionism), 즉 모
든 것을 사회학적인 문제로 축소시키는 것을 '잘못된 이분
법'으로 보고 거부하는 가운데, 그보다도 '둘 다'를 고려하는
입장을 요구한다.

> … 새 언약에 속하는 것은 구원받은 자들의 공동체 가운데
> 속하는 것이다. 그리고 칭의는 하나님이 (율법의 행위들이 아니
> 라 그리스도를 믿는 믿음으로) 죄인을 구원하시는 방법을 보여주
> 고 그들을 하나님과 더불어 언약적 지위에 서게 한다는 점
> 에서 어떻게 구원받을 수 있는지를 우리에게 실제적으로

알려준다.[26]

# 결론적인 짧은 여담

아마도 독자들은 이런 신학적인 비평들 가운데 많은 것들이 상당히 복잡하며 새 관점과 관련한 문제들을 해결하는 것이 쉽지 않다는 사실을 알아차렸을 것이다. 비판자들의 우려는 대부분 교회사와 조직신학의 영역에서 발생하며, 성서학에서는 직접적으로 발생하지 않는다. 그런데 새 관점 저자들은 대개 자신들을 신학자보다는 성서학자로 인식한다. 이렇게 좀 더 신학적인 논쟁들에서 우리가 느끼게 되는 약간의 긴장감은 성경 본문(즉, 그 당시의 상황에서 의미했던 바)으로부터 우리의 신학과 교회의 실천의 지평으로 이동하면서 느끼게 되는 긴장감이다. 이 후자의 영역들에서 제기할 수 있는 질문들(즉, 바울은 개인 구원을 중요하게 여겼는가? 바울은 율법주의와 신인 협력주의를 거절했는가?)은 바울 자신이 편지들에서 제기하는 질문일 수도 있고 아닐 수도 있다. 비-새 관점 저자들은 우리의 신학적 질문들에 대한 대답으로서 바울서신에서 다소 직접

---

26. Garlington, "The New Perspective on Paul," 11-12.

적인 증거를 찾으려는 경향이 있다. 이를 뒷받침하는 주장은 이런 것이다. '지난 2,000년간 인간의 본성은 그렇게 많이 변하지 않았기 때문에, 바울은 분명 오늘날 우리가 직면하고 있는 것과 같은 인간의 질문들을 직면했을 것이다.' 그런데 새 관점 저자들은 중요한 문화적(즉, 인간적) 차이들을 포함해서 바울의 상황이 우리의 상황(또는 루터의 상황)과 다르다는 점을 강조하는 경향이 있으며, 오늘 우리가 가진 질문과는 다른 질문에 답하고 있는 바울을 발견한다. 새 관점 저자들이 일반적으로 우리의 질문에 대한 바울의 답변을 시도, 해석, 적용하려 하는 것과 마찬가지로, 비-새 관점 저자들 역시 바울의 상황과 우리의 상황 사이에 존재하는 문화적 차이들에 대해 잘 알고 있다. 다시 말해, 두 접근법 사이의 차이는 이따금 나타나는 것처럼 흑백논리로 설명되는 것이 아니다. 그럼에도 불구하고 강조점을 조정하는 일은 때때로 큰 파장을 가져올 수 있다.

예를 들어, 전가의 경우, 직접적으로 연관되어 보이는 성경 구절들은 단 몇 군데에 불과하다.[27] 물론 교회사 및 조직신학 분야에서 전가를 지지하는 사람들은 이 구절들을 비롯하여 다른 구절들에 의해서 그리고 법정적 칭의의 논리에 의해

---

27.  창 15:6; 시 106:31; 롬 4:3-6, 9-11, 22-24.

서 전가 교리가 암시되고 있다는 주장을 한다. 비-새 관점 저자들은 이 모든 것이 실제로 '참'일 수 있다는 데(또는 '참'이 아닐 수 있다는 데) 동의할 수 있다. 그러나 이것은 '바울이 의미했던 바'에 주로 관심을 두는 성서학의 범위를 넘어선다. 바울서신에 있는 보다 분명한 언급들을 제외하면, 성서학자들은 일반적으로 완전한 교리 체계와 속죄의 작동 방식을 구성하는 일까지는 하지 않을 것이다. 교회사 학자들과 신학자들이 보기에 이것은 충분치 않을 것이다. 성서학은 집 짓기 블록들을 제공한다. 그런데 이러한 블록들은 아무렇게나 내버려질 수 없으며, 반듯이 정렬되어서 일관성 있는 구조로 조직되어야 한다. 확인한 바와 같이, 성서학과 신학의 과제들은 분명 연관되어 있지만, 완전히 동일한 것은 아니다. 어떤 사람은 바울의 본문들로부터 집 짓기 블록들을 잘라내려고 한다. 반면에 다른 사람은 이 블록들을 일관성이 있으면서도 지금 제기된 질문에 대하여 답하는 데 도움이 되는 구조로 조직하려 한다. 바울서신에는 바울이 전가에 관한 질문에 의해 움직인다는 증거가 거의 없다. 그것은 종교개혁 때 중심적인 질문이었다. 바울이 묻지 않았던 질문에 대해 바울로 하여금 대답하게 하는 것은 언제나 성서학자들을 불편하게 만들고, 신학자들에게는 대개 만족스럽지 못한 결과들을 낳는다.

# 제8장
## 새 관점의 입장에서 들어보기:
## 긍정적인 효과들

내가 원하는 것은 우리가 새 관점으로 인해 제기된 다양한 우려들에 대해 공정하게 고려하는 것이기 때문에, 이제는 이 해석학적 경향의 긍정적 가치에 대해 물어보아야 할 시간이다. 만약 새 관점이 1세기 유대교 및 1세기 유대교와 바울의 관계에 대해 대체로 옳다고 한다면, 그래서 어떻다는 말인가? 그것이 정말 실제로 많은 차이를 빚어내는가? 이제 이 마지막 장은 앞선 장들에 있던 여러 단서들을 모아서 '그렇다'라고 대답할 것이다.

# 바울서신에 대한 더 나은 이해

가장 분명한 결과는 우리가 신약성경을 펼쳐서 바울서신을 읽을 때마다 나타난다. 새 관점 해석은 바울서신의 구절들을 읽을 때, 사도가 실제로 말하고자 했던 것에 좀 더 가까이 다가갈 수 있게 할 것이다. 바울은 "율법의 행위로가 아니라 예수 그리스도를 믿는 믿음으로"(갈 2:16)라고 하면서 율법주의, 자기 의에서 비롯된 선행에 대해 염려했던 것인가? 아니면 새 관점이 말하는 대로, 바울의 관심은 주로 이방인들이 유대인과 같이 되어야 하는지의 여부에 있었던 것인가? 또한 바울이 선행을 하는 것에 대해 칭찬할 때("성령을 위하여 심는 자는 성령으로부터 영생을 거두리라 우리가 선을 행하되 낙심하지 말지니 포기하지 아니하면 때가 이르매 거두리라", 갈 6:8-9), 우리는 우리 입장을 바꾸지 않고서도 바울의 모든 말에 일관적으로 흐르고 있는 선행에 대한 애정을 확인할 수 있을 것이다(새 관점 해석에서 나타나는 차이에 대한 예를 더 보려면, 제6장을 참고하라).

## 서구의 개인주의 회피

새 관점으로 바울서신을 읽는 것은 개인에 대한 서구의 지나친 강조를 완화하는 데 도움을 줄 수 있다. 복음은 더 이상 나의 구원에 관한 것만이 전부가 아니다. 대신에 복음은 새 창조에 관한 것이며(고후 5:17) 새 백성에 관한 것이다. 더 이상 로마서 7장은 주로 죄에 대한 나 개인의 분투가 아니라 이스라엘의 (또는 아담의) 역사 속에서 나타난 율법과 죄에 관한 것이다. 물론 이를 위해 이 그림에서 '나'를 완전하게 제거할 필요는 없다. 이것은 그저 '나'를 그 중심으로부터 이동시킬 뿐이다.

## 반유대주의에게 작별을 고함?

또한 새 관점은 일부 기독교인들이 반셈족주의(anti-Semitism) 혹은 반유대주의(anti-Judaism)로 향하는 성향을 줄이는 데 도움이 될 수도 있을 것이다. 언약적 율법주의는 열등한 유대 율법주의에 대해 말하는 것이 아니라 기독교의 모종교(mother-religion)를 향해 좀 더 긍정적인 입장을 말하는 것

으로 들린다. 유대교는 실패한 또는 비뚤어진 종교 패턴이
아니다. 그보다도 유대교와 기독교의 패턴 대부분이 공통적
인 것으로 판명된다. 물론, 주요한 불연속성은 여전히 예수
그리스도다. 일부 새 관점 지지자들에게 이것은 대체주의
(supersessionism)에 대한 단호한 거부를 의미한다. 다시 말해,
인류를 향한 하나님의 계획에서 교회는 이스라엘을 대체한
것이 아니라는 말이다. 이스라엘과 교회는 이제 하나님 앞에
서 동등한 위치에 있다(그들에게 예수 그리스도가 있든지, 없든지 상
관없이 말이다). 나를 포함하여 다른 이들에게 있어서, 이스라
엘은 (대체되는 것이 아니라) 메시아 예수 안에서 새롭게 구성된
이스라엘 안에 유대인과 이방인 모두를 포함하도록 재구성
된다. 그런데 이 이스라엘의 일원, 즉 아브라함의 자녀가 된
다는 것은 여전히 중요한 문제다. 아마도 비기독교 유대인들
에게는 이것이 여전히 오래된 대체주의로 들려질 수도 있을
것 같다. 왜냐하면 그들이 이해하는 이스라엘은 (기독교인들에
게) 더 이상 적절하지 않기 때문이다. 그러나 '더 이상 적절하
지 않다'는 것은 (대체주의의 가장 초기에 그랬듯이) 이스라엘 종교
안에 있는 어떤 내재적 결함에 근거한 것이 아니라, 하나님
이 예수 그리스도와 더불어 이스라엘의 새로운 시대를 시작
하셨다는 기독교적 신념에 근거한다.

## 구약에서 신약으로의 이동을 좀 더 쉽게 함

비슷한 맥락에서, 새 관점은 성경신학을 기술함에 있어 서도 큰 차이를 만들어 낸다. 곧, 구약과 신약 사이의 연속성을 훨씬 더 강화한다. 바울의 메시지는 유대교의(또는 구약 율법의) 반제(antithesis)가 아니라, 기독론적으로 재구성된 연속 내지 그러한 재구성의 절정(climax)이다. 이것은 기독교인들로 하여금 구약을 좀 더 자연스럽게 읽을 수 있게 한다. 예를 들어, 시편 18편을 어떻게 읽을 수 있을지를 생각해 보라. 이 시편의 시작은 매우 쉽다. "나의 힘이신 여호와여 내가 주를 사랑하나이다. 여호와는 나의 반석이시요, 나의 요새시요, 나를 건지시는 이시요"(시 18:1-2). 기독교인들은 조금도 망설임 없이 이 구절을 반복할 것이다. 그런데 조금만 뒤로 가보면 골칫거리가 등장한다.

> 여호와께서 내 의를 따라 상 주시며 내 손의 깨끗함을 따라 내게 갚으셨으니 이는 내가 여호와의 도를 지키고 악하게 내 하나님을 떠나지 아니했으며 그의 모든 규례가 내 앞에 있고 내게서 그의 율례를 버리지 아니했음이로다 또한 나는 그의 앞에 완전하여 나의 죄악에서 스스로 자신을 지켰

나니 그러므로 여호와께서 내 의를 따라 갚으시되 그의 목
전에서 내 손이 깨끗한 만큼 내게 갚으셨도다. (시 18:20-24)

 

전통적으로 기독교 해석자들은 이 구절에 등장하는 '자
기 의'로 보이는 것에 대해 당혹스러워 하거나, "내 의"를 '그
리스도로부터 전가받은 의'로 재해석했다. 그러나 새 관점은
그러한 노력들 대신에, 기독교인들로 하여금 이 시편 전체를
낭독해 보라고 권할지도 모른다. 시편에 등장하는 의와 흠
없음은 자기 의를 따르는 일종의 완벽함을 가리키는 것이 아
니라, 신약을 포함하여 성경의 모든 곳에서 기대되는 신실한
행위의 진실성을 가리킨다. 그것은 하나님의 은혜로 말미암
아 고무된 충성(= 믿음 혹은 신실함)이며, "충성스러운" 자들과
"하나님께 피하는" 자들에 대한 말씀인 것이다(25, 30절).[1] 시
편 기자는 단지 이렇게 말하는 것이다. '주님, 나는 주님께 등
을 돌리지 않고 주님의 길로 걷고자 했습니다. 당신의 언약
의 은혜로운 약속을 따라 나를 살펴 주옵소서.'

---

1.    Kwakkel, *According to My Righteousness*를 보라.

## 바울과 예수님을 동일한 입장에 둠

새 관점은 구약과 신약의 전환을 용이하게 할 뿐 아니라
(비록 예수님이 메시아로 오심은 언제나 절정의 침입으로 남을 것이지만),
바울과 예수님을 서로 친근하게 이야기를 주고받을 수 있는
사이로 만든다. 바울은 갈릴리 유대인 예수님의 단순한 메시
지를 대체하는 새 종교인 기독교를 창시했다는 이야기들이
많이 있어 왔다. 어떤 이들은 예수님이 유대교를 갱신하고
개혁하기를 원했던 것이라고 한다. 하지만 바울은 그러한 목
적을 포기하고 이방인들을 포괄하는 세계 종교를 만들고자
했다는 것이다. 예수님은 임박한 하나님 나라에 대해 선포했
다. 하지만 바울은 예수님을 선포했다는 것이다(선포자가 선포
하는 내용이 된 것이다). 예수님에게는 율법의 "일점 일획"이 모
두 중요했지만(마 5:18), 바울은 율법이 마침에 이르렀다고 생
각했다는 것이다(롬 10:4). 예수님은 하나님 나라에 들어가고
자 하는 사람들을 철저한 제자도로 부르셨다. 하지만 바울은
그들을 향해 단순한 믿음으로 불렀을 뿐이라는 것이다. 무슨
말인지 이해하겠는가?

물론 예수님과 바울을 화해시키기 위해서는 무조건 새
관점을 취해야 한다는 말은 아니지만, 새 관점은 유용한 도

구들을 제공한다. 바울의 은혜를 복음서의 제자도와 경쟁 구도 속에서 보는 것이 아니라, 언약적 율법주의는 예수님과 바울 (그리고 유대교) 모두에서 조화로운 방식을 형성하게끔 해 준다. 둘 다 은혜의 근본적인 중요성을 고수한다. 포도원 품 꾼들은 그들이 일한 시간에 따라서가 아니라, 하나님의 관대함에 따라 그들의 삯을 받았다(마 20:1-16). 예수님의 치유는 가치 없어 보이는 자들에게 하나님의 은혜가 쏟아 부어짐을 보여주는 분명한 예시다. 은혜에 대한 바울의 헌신은 더 이상의 언급이 필요하지 않을 것이다.

그런데 은혜에 대한 이러한 강조와 더불어서 순종의 필요성에 대한 강조가 있었다. 심판에 대한 예수님의 비유에서 (마 25:31-46), 양과 염소의 운명(영원한 심판 또는 영원한 생명)은 예수님의 길에 대한 그들의 순종에 근거한다(주린 자에게 먹을 것을 주는 것, 옥에 갇힌 자를 돌보는 것 등). 그리고 바울은 여전히 다음의 사실을 확신하고 있다. "하나님이 각 사람에게 그 행한 대로 보응하시되 참고 선을 행하여 영광과 존귀와 썩지 아니함을 구하는 자에게는 영생으로 하신다"(롬 2:6-7).

'행위들'을 부정적으로 생각하게 되면(공로적 선행 또는 자기의에서 비롯된 선행), 은혜와 순종에 대한 이러한 이중적 강조를 조화시키기가 더 어려워진다는 것은 자명하다. 언약적 율법주의는 이 두 가지 초점이 유대교에서뿐 아니라 예수님과 바울에게서도 밀착되어 나타난다는 것을 시사한다. 바울이 전한 복음은 예수님의 복음과 동일한 패턴을 따르는 것으로 밝혀졌다.

　새 관점에 의해 제안된 바울과 예수님 사이의 또 다른 연속성은 이스라엘이라는 민족의 구성원이 되는 것이 가지는 구원론적 의에 관한 것이다. 종교개혁적 입장의 많은 주석에서 로마서 9-11장(이스라엘을 선택하신 것은 어떻게 됐나?)은 믿음을 통해 은혜로 말미암는 개인의 칭의에 대한 바울의 탐구와 잘 어울리지 않는 듯 보인다(1-8장). 새 관점은 언약 백성의 구성원 됨에 관한 질문들이 사실상 바울 복음의 논의들의 추진력이라고 제안한다(특히, 로마서와 갈라디아서에서). 그리스도 안에 있기 위해서는 유대인이 되어서(또는 유대인처럼 되어서) '율법의 행위들'을 수행해야만 하는가? 이것은 유대 정체성이 다가올 진노를 막아줄 수 없다는 예수님의 일관된 메시지를 상기시킨다. 누가복음에 등장하는 예수님의 첫 번째 설교는 예수님을 죽음에 이르게 할 뻔 했다(눅 4:25-30). 왜냐하면 예수님은 하나님이 아브라함의 자손들에게 특혜를 주지 않을 것이라고 가르치셨기 때문이다. 이는 세례 요한의 설교를 반영한다. "속으로 아브라함이 우리 조상이라 말하지 말라 내가

너희에게 이르노니 하나님이 능히 이 돌들로도 아브라함의
자손이 되게 하시리라"(눅 3:8). 결국 바울은 예수님의 중심 주
제 가운데 하나를 자신의 복음의 중심으로 계속 유지하고 있
는 것이다.


## 오래된 교회의 상처들을 봉합함


마지막으로 언급할 수 있는 새 관점의 유익은 칭의에 관
해 가톨릭과 개신교가 화해할 가능성을 열어 준다는 것이다.
바울과 칭의에 대한 루터교적 종교개혁의 이해는 로마와 분
열하게 된 주된 요인들 중 하나이기 때문에,[2] 바울과 칭의에
대한 새 관점의 재평가는 루터가 생각했던 것처럼 이 문제에
관해 양측의 입장이 그렇게 멀리 떨어져 있지는 않음을 보여
줄 수도 있는 것이다.

---

2.    이 분열에는 다른 요소들이 존재했고, 물론 지금도 존재한다(예, 성찬,
      성직, 독신 등).

＊ ＊ ＊

이제 당신은 이 책의 시작 부분에서 제기된 질문들에 대해 답할 수 있는 준비가 되어 있어야 한다.

- 새 관점은 무엇인가?
- 새 관점은 어디에서 나온 것인가(간단한 설명)?
- 새 관점의 잠재적인 위험 요소들은 무엇인가?
- 새 관점의 장점은 무엇인가?

하지만 더 중요한 것은 이 책의 내용이 당신으로 하여금 바울의 글 자체를 다시 살펴보도록 했을지도 모른다는 사실이다. 대개 이러한 논쟁들은 오래된 관점, 즉 하나님, 그리스도, 율법, 믿음 등에 관한 바울 자신의 관점으로 돌아가려는 시도다. 일반적으로 새 관점 지지자들은 자신들의 입장이 정말 '새로운' 것이 아니라, 오래된 관점의 회복이며 진정한 바울 이해라고 생각한다. 많은 새 관점 반대자들은 새 관점으로 종교개혁의 바울에 대한 주요한 재발견 요소들을 보기 때문에 새 관점은 새로운 출발점이 된다. 결국 양쪽 모두에게 있어서 해답은 사도 바울 및 그의 편지들과의 지속적인 관계

속에 놓여 있다. 어느 면으로 보나, 그것은 새 관점이 가져온
긍정적인 결과다.

계속되는 대화

# 도널드 해그너의 후기

현대 바울 연구에서 (혁명적인 것은 말할 것도 없고) 바울에 관한 새 관점의 출현보다 더 흥미진진하고 도발적인 발전을 생각해 내기란 어려울 것이다. 바울을 공부하는 모든 학생들은 새 관점, 새 관점의 기원, 새 관점의 장단점에 대해 잘 알아야 한다. 잉거 박사는 이 간결하고도 유용한 가이드를 만듦으로써 우리에게 큰 도움을 주었다. 실제로 그는 이 분야에 있어서 전문가일 뿐 아니라, 그의 설명은 명료하고, 공정하며, 권위를 가진다.

잉거가 지적한 바와 같이, 바울에 관한 새 관점의 출발점은 유대교에 대한 새롭고도 더 적절한 이해에 대한 강조에 놓여 있다. 곧, 유대교는 (의로운 행위들을 통해서 구원을 얻고자 하는 시도를 하는) 율법주의적 종교가 아니라, 기독교와 같이 (구원은 하나님으로부터 선물로 주어진다고 믿는) 은혜의 종교라는 것이다.

이상적으로 인식되는 유대교는 은혜의 종교였다(꼭 그렇게 실행됐던 것은 아니다!). 하나님은 그들의 공로와 상관없이 사람들을 구원하시기로 선택하셨다. 하나님은 자유롭게 유대인들을 그의 백성으로 선택하셨다. 참으로 선택은 유대교의 중심에 있다. 그리고 하나님은 그들의 습관적인 불순종에도 불구하고 그들과 계속 함께하셨다.

이 책에서 제시한 바와 같이, 유대교에 대한 이러한 보다 나은 이해는 샌더스에 의해서 '언약적 율법주의'로 설명됐다. 다시 말해, 율법의 중심성이 강조되지만(그래서 율법주의), 더 큰 언약(들)이라는 틀 안에 있다는 것이다(즉, 하나님의 은혜의 역사[또는 역사들]). (언약적) 율법주의자는 그의 인생이 율법에 순종하는 것을 중심으로 하지만, 하나님께 용납되기 위해 순종을 행하지는 않는다. 언약적 율법주의자는 하나님의 용납하심으로부터 시작된다. 이것은 분명 구약과 (예수님과 사도들 시대의) 수많은 제2성전기 문헌의 신학과 구원론에서 나타나는 명확한 특징이다. 그런데 문제는 포로기 이후 시대에 등장한다. 민족적 회개의 분위기와 모세의 율법에 순종할 것에 대한 새로운 헌신을 고려해 볼 때, 율법과 언약 사이의 균형은 종종 상실되곤 했다. 우리가 바리새인과 엣세네파 같은 무리를 통해 볼 수 있듯이, 율법은 사실상 집착으로 나타난다. 그리고 율법에 대한 이러한 열성의 결과는 때때로 은혜의 기반이 무시되거나 아주 잊혀지게 만들었다.

새 관점을 평가함에 있어서 핵심 질문은 제2성전기에 (앞 단락에서 언급됐던 '언약적 율법주의자들'과는 대조적으로) 그들의 종교에 대해 이해하지 못한, 즉 그들은 하나님의 은혜로 구원을 받았으며 그들의 행위들로 말미암지 않는다는 것을 충분히 깨닫지 못한 유대 율법주의자들(Jewish legalists)이 존재했는지의 여부다. 혹은 오늘날의 일부 기독교인들과 같이 은혜의 근본적 실재를 이해하지 못하는 가운데 하나님 앞에서 자신의 행위로 의롭게 되고자 시도했던 일부(혹은 다수)가 있었는가? 만약 그렇다고 한다면, 율법(주의)에 반대했던 바울이라는 전통적 이해는 오늘날에도 그렇지만 1세기에도 타당하다.

바울에 관한 새 관점은 신약과 초기 기독교를 가능한 한 완전히 유대적 용어로 이해하려는, 점점 인기를 끌고 있는 패턴의 일부로 보인다. 그러므로 예수는 1세기 팔레스타인의 다른 인물들과 잘 어울리는 유대의 카리스마적 치유자 및 교사로 이해된다. 바울은 이방인을 하나님의 은혜의 대상으로 포함시키기 원하는 것을 제외한다면, 유대교나 율법에 대한 의견이 다르지 않은 평범한 유대인이다. 마태복음은 '유대적 기독교'가 아니라 '기독교적 유대교'로 이해되어야 한다. 이제 많은 사람들은 2세기 중반 이전까지는 '기독교'에 대해 말하는 것이 부적절하다고 생각한다. 그러므로 1세기에 (그리고 신약 시대 전반에 걸쳐서) '유대 기독교인들'이라고 말하는 것은 부적절하다. 그저 '예수님을 믿는 유대인 신자'라고 말할 수 있을 뿐이다. 사실 이방인을 '기독교인'으로 말하는 것은 부적절하다. 우리가 전통적으로, 1세기와 그 이후의 '기독교'라고 불렀던 것은 이제 다른 분파들(예, 엣세네파 또는 바리새파)과 마찬가지로 유대교의 한 '분파'(sect)로 간주된다.

기독교 신앙의 유대적 성격에 대한 이러한 새로운 깨달음에는 유익한 도움을 주는 것이 많다. 하지만 이러한 통찰은 왜곡을 일으킬 수도 있다. 실제로 그것은 예수님과 예수님을 추종하는 자들의 믿음에 내재되어 있는 극적 새로움을 완전히 무시하거나 과소평가한다. 그 믿음에 대한 정확한 이해는 오직 옛것과 새것 모두에 대한 이해를 통해 이루어질 수 있다. 마태복음 기자는 예수님이 주장하시는 바를 이어지는 말씀에서 이렇게 기록한다. "그러므로 천국의 제자 된 서기관마다 마치 새것[kaina]과 옛것[palaia]을 그 곳간에서 내오는 집주인과 같으니라"(마 13:52). 물론 옛것보다 새것을 먼저 언급함으로써 새것을 우선시하지만 말이다. 그러나 최근 유행하게 된 수정주의적 신약 읽기는 옛것에 속한 기독교의 뿌리에 너무나 깊이 매료된 나머지 새것에는 거의 또는 아예 관심을 가지지 않는다. 하지만 바울의 복음에는 단순히 이방인을 포함하는 것을 훨씬 넘어서는 새로움이 있다.

바울에 대한 전통적 이해를 향해 가장 일반적으로 언급되는 비판들 가운데 하나는 루터주의적인 시각으로 바울을 읽는다는 점이다. 루터는 '어떻게 하나님께 받아들여질 수 있을 것인가'에 대한 문제로 괴로워했다. 선한 유대인이며 그래서 이스라엘과 맺으신 하나님의 언약에 참여한 자인 바울에게는 그런 문제가 없었다. 행여 바울이 그런 문제를 품고 있었다고 해도, 그것은 루터에게 의미했던 바와는 거리가 멀다고 보아야 한다. 바울이 메시아의 죽음이 필요하게 된 이유를 추적하기 시작할 때에야 인간의 곤경의 심각성을 깨닫기 시작했다고 한 샌더스의 말은 옳았다. 인간의 중심 문제인 죄의 문제는 하나님의 아들의 죽음이라는 해결책에 상응하는 새로운 관계를 상정했다.

그러나 부활하신 그리스도가 다메섹 도상에서 바울에게 나타나신 후에 바울은 "율법에 근거한[ek nomou] 자기 의"에 몰두하던 자신의 과거와 "오직 그리스도를 믿음으로 말미암은 것, 곧 믿음으로 하나님께로부터 난[*ek theou*] 의"(빌 3:9)에 따른 새로운 실재 사이의 뚜렷한 대조를 그려내고 있다. 바울은 이제 전자를 막다른 골목으로 여기며 거부한다. 오직 후자만이 어떤 중요성을 가진다. 그런데 이전에 바울 자신도 율법에 근거한 의에 호소했다면, 아마도 바울 시대에 그렇게 했을 사람들이 많았을 것이다.

새 관점은 그저 다짜고짜 고려할 가치가 없다고 묵살해 버릴 수는 없는 새로운 질문과 새로운 가능성을 제기했다. 잉거가 강조하듯, 바울의 본문들을 재검토하는 가운데 지금 우리가 바울을 바르게 이해하고 있는지 여부를 고려하는 것은 언제나 가치 있는 일이다. 우리는 필요한 경우, 우리가 가진 결론들을 다듬는 것에 대해 늘 열려 있어야 한다.

개인적으로, 나는 바울에 대한 전통적 이해를 거부해야 한다고 생각하지는 않는다. 비록 우리가 새 관점으로 인해 바울에 관한 우리들의 진술들이 가지는 미묘한 차이를 어느 정도 파악해야 한다는 것은 알게 됐을지라도 말이다. 마지막으로, 나는 두 가지 확고한 요점들, 즉 나에게는 타협이 불가능해 보이는 것들에 대해 강조를 하고자 한다. 타협이 불가능해 보인다고 한 것은 그저 내가 그것들에 대해 그렇게 결정했기 때문이 아니라, 나는 그것들이 바울의 본문들에 너무나도 깊숙하게 뿌리를 내리고 있다고 생각하기 때문이다.

　　첫째, 구원은 하나님의 사역이며, 오로지 하나님의 사역
이다. 성경은 우리를 구원하시기 위해 지속적으로 주도권을
쥐고 역사하시는 하나님의 이야기이다. 바로 이것이 은혜의
본질이다. 그리고 그것은 곧바로 구약과 신약을 관통하는 한
결같은 강조점이다. 구원은 궁극적으로 그리스도의 십자가
에 의존한다. 심지어 구약의 사람들조차도 말이다. 속죄를
위한 구원자의 죽음은 구원의 근원이며, 구원을 경험하는 모
든 사람은 오직 십자가 때문에 그 경험을 할 수 있다. 이는
더 나아가 유대인과 이방인 모두에게 구원의 길은 오직 하나
임을 의미한다. 복음이 유대인에게 먼저 전달되고 그 다음에
이방인에게 전달되어야 하는 것은 바로 이 이유 때문이다.

　　둘째, 신자의 의는 구원의 필요조건이다. 실천적/실제적
인 의가 필요하기는 하지만 그것이 의의 근원이나 기초 또는
원인은 아니다. 잉거 박사의 앞선 연구가 보여주듯이, 행위
에 대한 심판은 모든 인류를 향한 것이다. 기독교인에게 있
어서 의는 선택사항이 아니다. 하지만 그러면 구원은 하나님
과 인간의 협력의 결과라고 하는 신인협력주의가 되는 것은
아닌가? 이러한 결론이 논리적으로 들릴지도 모르겠지만,
그것은 단지 성경 본문 전반의 흐름을 거스르는 것일 뿐이

다. 성경은 일관되게 오직 하나님을 구원하시는 분으로, 진정 죄인을 구원하시는 분으로 가리킨다. 차이점이라고 한다면, 신자의 의는 수반되는 것이지 구원에 선행하는 것이 아니라는 것이다. 그리고 신자의 성화 역시 하나님의 선물이며, 은혜의 문제다. 역설적이게도, 기독교인들이 의롭게 살수 있는 것은 오직 성령의 능력에 의해서만 가능하다. 바울이 말하는 바와 같이, 그리스도는 "육신을 따르지 않고 그 영을 따라 행하는 우리에게 율법의 요구가 이루어지게 하려고" 죽으셨다(롬 8:4). 여담이지만 신자의 의의 실천이라는 문제는 오직 믿음으로 얻는 구원의 가장 대담한 옹호자인 바울과 더불어 루터에게 있어서도 매우 중요한 관심사였다.

　　물론 잉거 박사는 나의 주요 요점들에 대해 동의하지 않을 것이다. 이 요점들이 새 관점 진영의 다른 합리적 옹호자들에게 받아들여지게 된다면, 아마도 우리는 새 관점을 특정한 바울서신 본문에 대한 우리의 이해에 (일부는 옳겠지만, 다른 일부는 잘못됐을) 우호적인 의견을 제안하는 것으로 볼 수 있을 것이다. 그리하여 마침내 복음으로 인한 우리의 감사와 하나님을 향한 우리의 사랑이 더욱 자라나고 그분의 영광에 이르기까지 풍성하게 될 것이다.

도널드 해그너(Donald A. Hagner)

풀러신학교 조지 앨돈 래드 신약학 명예 교수

# 돈 갈링톤의 후기

　　이렇게 켄트 잉거 교수는 바울에 관한 새 관점에 대한 최고의 개론서를 통해 우리 입장을 옹호했다. 그는 비교적 많지 않은 지면 안에서 공정하고도 균형 잡힌 방식으로, 또한 이 분야에 대해 잘 모르는 비전문가들도 쉽게 읽을 수 있는 스타일로 새 관점에 대한 논쟁들의 개요와 장단점을 제시했다. 나는 이 책에서 다루어진 새 관점 관련 논쟁들에서 제기된 몇 가지 걸림돌이 되는 지점들을 간단히 다뤄 보고자 한다.

　　첫째, 일반적으로 신약성서의 역사적 배경, 그리고 구체적으로 바울서신의 역사적 배경과 관련하여 해석학적으로 중요한 문제가 존재한다. 우리는 '새 관점'이라는 표현이 1982년 맨슨기념강좌(Manson Memorial Lecture)에서 제임스 던에 의해 만들어졌다는 사실을 기억해야 한다. 던의 원래 요점은 바울과 제2성전기 유대교의 관계에 관한 것이었다. 특히, '율법의 행위들'이라는 어구에 대한 특별한 언급이 이루어졌다. 확실히, 던의 위치는 지난 수년간 자신과 다른 사람들에 의해 개선되며 자격을 갖추게 됐다. 그럼에도 불구하고 새 관점은 텍스트와 콘텍스트 사이의 균형을 맞추는 방식으로 신약성서를 이해하고자 노력해왔다. 분명, 우선순위는 텍스트에 있다. 그러나 신약성서는 진공상태에서 기록된 것이 아니기 때문에, 모든 신약성서 읽기는 우리의 상황이 아니라 성경 자체의 상황 속에서 논의되는 문제들에 대해 더욱 민감해져야 한다. 직접적으로 말하자면, 우리가 바울을 이해함에 있어서는 종교개혁 이래 오늘에 이르는 400년보다 더 중요한 400년이 있다. 신약성서가 **무엇을 의미하는지를**(means) 묻기에 앞서서, 우리는 신약성서는 **무엇을 의미했는지를**(meant) 물어야 한다. 결국 모든 것은 본문의 '의미'(meaning)와 '의의'(significance: 즉, 적용)를 결정하는 해석적 과제로 귀결된다.

이러한 주목할 만한 점에 있어서, 새 관점은 동시대의 유대인들과 관련된 바울에 관한 전통적(루터교적/개혁주의적) 이해에 비해 진전된 모습을 보여준다. (루터로부터 시작해서) 개신교/복음주의의 바울서신 주석가들이 사도와 동족 사이의 논쟁들을 적절히 적용했다는 말은 분명 논쟁의 여지가 있다. 다시 말해, 만약 칭의가 유대 전통('율법의 행위들')에 의한 것이 아니라면, 중세 가톨릭에 대한 루터의 유명한 투쟁과 같은 교회의 전통에 의한 것도 아니다. 종교개혁은 칭의에 대한 질문들로 시작된 것이 아니라 루터의 95개 논제(Luther's Ninety-Five Theses)와 더불어 시작됐다는 사실은 너무나도 쉽게 잊혀지곤 한다. 95개 논제는 위험하고도 터무니없는 교회 전통의 요소(곧 면벌부)에 도전했고, 그 뒤를 이어 유물들을 수집하고 숭상하는 것(예, '참된 십자가'의 파편들)에 대한 루터의 무자비한 풍자가 이어졌다. 하지만 이러한 역할에도 불구하고 루터와 그의 신학적 계승자들이 바울 시대 유대교에 부과한 '율법주의'라는 틀은 무엇보다도 물을 흙탕으로 만들었다. 자신들의 고유한 콘텍스트에서 읽을 때, 바울서신 논쟁의 중심 문제, 즉 '구원의 입구'는 그리스도인가, 토라인가 하는 문제는 단순한 선택 문제로 귀결된다.

둘째, 던의 원래 전제에 이어, 칭의의 미래적 차원에 관한 문제가 (특히 라이트의 기여로 인해) 새 관점에 더해지게 됐다. 제

2성전기 유대교 문헌의 대부분이 이스라엘의 민족적 유산을
저버리도록 하는 박해와 유혹의 시기에 믿음과 인내의 필요
성으로 인해 생겨났다는 점을 감안할 때 그런 문제가 대두될
수밖에 없었다. 이 상황의 요점은 마카비1서 1:15에 기록되어
있다. 곧, 이스라엘 중 많은 자들이 "거룩한 언약을 버렸다"
는 것이다. 이러한 배경에서 새 관점 학자들은 "믿음의 순
종"과 같은 바울의 어구들을 이해했다(롬 1:5; 16:26). 간단히 말
해서 유대인들이 하나님의 율법을 준수함으로써 하나님에
대한 믿음을 유지하기를 기대했다면, 기독교인들은 하나님
의 뜻을 행함으로써 그리스도에 대한 신실함을 유지하기를
기대한다는 것이다. 그들의 언약에 대한 충성은 결국 종말론
적 구원으로 귀결될 것이다.

　성도의 견인이라는 신학은 별로 새로운 것이 아니지만,
새 관점은 아직 이루어지지 않은 하나님의 백성에 대한 입증
단계가 있음을 강조하면서 신약성서의 자료들을 진지하게
다루고자 시도했다. 대부분의 구원론적 측면들과 마찬가지
로, 칭의 역시 '이미'와 '아직'이라는 양상을 취한다. 간단히
말해서, 칭의의 첫 번째 단계는 오직 믿음을 통해서이고, 두
번째 단계는 역사하는 믿음을 통해서이다. 이런 방식으로 바
라보게 되면, 율법을 (듣는 자가 아니라) 행하는 자가 의롭게 될

것이라는 바울의 주장은 바울을 야고보와 '동일한 선상'에 놓는다(단지 약 2:14-26만이 아니라, 야고보서 편지 전체와). 많은 사람들이 두려워하는 것은 바울에 대한 그러한 이해가 '신인협력주의'를 통한 '구원에의 기여'라는 결과를 야기할 수 있다는 것이다. 그러나 그러한 두려움은 단순히 성경적 언약의 성격을 고려해 보아도 근거가 없다. 다시 말해, 하나님이 일단 인간과 관계를 맺으시면, 양측 모두에게 신실함이 요구되는데, 새 관점은 성경 본문 자체가 계속해서 강조하는 바를 분명히 보여주기 위해서 노력했다. 바울 이외에도, 이 문제의 근원은 야고보에 의해서도 들려진다(약 1:21). "그러므로 모든 더러운 것과 넘치는 악을 내버리고 너희 영혼을 능히 구원할 바 마음에 심어진 말씀을 온유함으로 받으라." 마찬가지로, 부활하신 그리스도는 핍박당하는 서머나 교회를 이러한 말씀으로 격려하신다. "네가 죽도록 충성하라 그리하면 내가 생명의 관을 네게 주리라"(계 2:10).

셋째, 그리스도와의 연합이라는 바울의 신학이 존재한다는 사실이다. 비-새 관점 진영에서 볼 때, 대부분의 것들은 그리스도의 의의 전가와 칭의라는 '기초'에서 만들어진다. 단도직입적으로 말해서, 복음주의 계열의 새 관점 학자들은 우리의 의가 그리스도로부터 온다는 것을 기꺼이 긍정한다.

논란이 되는 것은 이러한 기본적 전제가 아니라 과정의 양상이다. 그저 내 생각을 말해 보자면, 바울서신에는 '그리스도와의 연합'에 대한 증거는 풍부하지만, '전가'라는 전통적인 교리에 대한 증거는 발견되지 않는 것 같다. 상황이 그렇기 때문에 나만의 새 관점 입장은 '그리스도 안에' 있는 신자들과 구원자의 관계적 차원에 강조점을 두면서, 그 관계의 법정적 요소를 늘 염두에 둔다. 특히 이스라엘에 대한 바울의 기본적인 메시지를 생각해 볼 때, 더 이상 하나님의 백성은 '율법 안에' 있는 사람들 그리고 '율법의' 사람들로 규정되지 않는다. 그보다도 그는 율법을 대신해서 한 사람, 곧 한때 유대인과 이방인이라는 인류의 구성원들을 철저히 둘로 나누던 "중간에 막힌 담"을 허무심으로 율법을 쓸모없게 만든 한 사람을 그 자리에 대체했다(엡 2:14-15). 칭의의 '기초'(basis)와 관련해서 바울이 칭의 언어를 특징적으로 사용하지 않는다는 것은 분명한 사실이다(유일하게 가능한 예는 빌 3:9이다: "믿음에서[epi] 난 의"). 대신에, 바울은 기원, 영역, 장소의 전치사를 사용한다(주로 en과 ek). 본질적으로 이 문제는 간단하다. 지금 그리고 심판의 때에 중요한 것은 다름 아닌 그리스도 안에 있음(being en Christō)이다. 칭의의 '기초'를 강요하는 것은 바울의 가르침을 명확히 하기보다는 신학적 전문 용어로 흐리게 만드는 또 다른 예에 불과한 것이다.

칭의의 기초에 관한 논의와는 별개로, 잉거 교수가 쓴 이 책에서는 '걸림돌이 되는 지점들'(그리고 수많은 다른 지점들) 하나하나가 매우 유익하게 다루어지고 있다. 이것은 그의 접근법이 '교회론적'이라기보다는 대단히 주해적이기 때문일 것이다. 새 관점은 단일한 독립체라기보다는 한 주제에 대한 변형들에 가깝기 때문에, 이 책에 대한 평가는 독자 개개인에 따라 달라질 것이다. '샌더스/던 궤도'(Sanders/Dunn trajectory: 모세 실바[Moisés Silva]의 표현)에 대한 지지자로서 나는 또 나만의 새 관점 판(version)을 강력히 주장했을 것이다. 하지만 개론적인 이 책의 결정적인 장점은 균형감, 그리고 독자들로 하여금 스스로 결정하게 하려는 의지에 있다. 이 책의 이런 평화적인 태도는 더더욱 적절하다고 생각한다. 왜냐하면 성경을 연구함에 있어서 언제나 신자들은 "이것이 그러한가"(행 17:11)를 상고하는 베뢰아 사람의 정신을 보여야 하기 때문이다. 대화가 계속되면서 이 책이 그러한 목적을 위해 사용되기를 바란다.

토론토, 온타리오

돈 갈링톤(Don Garlington)

# 참고 문헌

## '참고 문헌 목록'과 '더 깊은 연구를 위한 제안'에서 사용된 약어

JSNTSup Journal for the Study of the New Testament Supplement

NICNT   New International Commentary on the New Testament

NIGTC   New International Greek Testament Commentary

SNTSMS Society for New Testament Studies Monograph Series

WUNT   Wissenschaftliche Untersuchungen zum Neuen Testament

## 참고 문헌

Barclay, John M. G. "Paul and the Law: Observations on Some Recent Debates." *Themelios* 12 (1986) 5-15.

Barnett, Paul. *Paul: Missionary of Jesus.* Grand Rapids: Eerdmans, 2008.

Bird, Michael F. *The Saving Righteousness of God: Studies on Paul, Justification and the New Perspective.* Paternoster Biblical

Monographs. Eugene, OR: Wipf & Stock, 2007.

Braaten, Carl E., and Robert W. Jenson. *Union with Christ: The New Finnish Interpretation of Luther*. Grand Rapids: Eerdmans, 1998.

Bultmann, Rudolf Karl. *Theology of the New Testament*. Translated by Kendrick Grobel. 2 vols. London: SCM, 1952–55 = 『신약성서신학』, 성광문화사, 1997.

Campbell, Douglas A. *The Quest for Paul's Gospel: A Suggested Strategy*. JSNTSup 274. London: T. & T. Clark, 2005.

Carson, D. A. "The Vindication of Imputation: On Fields of Discourse and Semantic Fields." In *Justification: What's at Stake in the Current Debates?*, edited by Mark Husbands and Daniel J. Treier, 46–78. Downers Grove, IL: InterVarsity, 2004.

Carson, Donald A., Peter T. O'Brien, and Mark A. Seifrid, editors. *Justification and Variegated Nomism*. Vol. 1, *The Complexities of Second Temple Judaism*. WUNT 2/140. Grand Rapids: Baker Academic, 2001.

Comment on "Justification by Faith Alone through Grace Alone by Christ Alone and Peace with God," sermon by Charles Spurgeon. Online: http://www.sermonaudio.com/sermoninfo. asp?SID=15040458.

Cranford, Michael. "The Possibility of Perfect Obedience: Paul and an Implied Premise in Galatians 3:10 and 5:3." *Novum Testamentum* 36 (1994) 242–58.

"Critiques of NPP." Monergism.com. Online: http://www.

monergism.com/directory/link_category/New-Perspective-on-Paul/General-Essays-Critiquing-NPP.

Das, A. Andrew. *Paul and the Jews*. Library of Pauline Studies. Peabody, MA: Hendrickson, 2003.

Dunn, James D. G. "In Search of Common Ground" In *The New Perspective on Paul*. Rev. ed., 285-312. Grand Rapids: Eerdmans, 2008.

———. *Jesus, Paul, and the Law: Studies in Mark and Galatians*. Louisville: Westminster John Knox, 1990.

———. "The Justice of God: A Renewed Perspective on Justification by Faith." *Journal of Theological Studies* 43 (1992) 1–22.

———. "The Narrative Approach to Paul: Whose Story?" In *Narrative Dynamics in Paul: A Critical Assessment*, edited by Bruce W. Longenecker, 217–30. Louisville: Westminster John Knox, 2002.

———. *The New Perspective on Paul*. Rev. ed. Grand Rapids: Eerdmans, 2008.

———. "The New Perspective on Paul: Whence, What and Whither?" In *The New Perspective on Paul*, Rev. ed., 1–97. Grand Rapids: Eerdmans, 2008 = 『바울에 관한 새 관점의 기원, 정의, 미래』(가제), 감은사, 2023 출간 예정.

———. "Paul's Conversion: A Light to Twentieth Century Disputes" In The New Perspective on Paul. Rev. ed., 347-65. Grand Rapids: Eerdmans, 2008.

————. "Philippians 3.2–14 and the New Perspective on Paul." In *The New Perspective on Paul*, Rev. ed., 469–90. Grand Rapids: Eerdmans, 2008.

————. *Romans 9–16*. WBC 38B. Waco: Word , 1988 = 『로마서: 9-16』, 솔로몬, 2005.

————. "Works of the Law and the Curse of the Law (Gal. 3.10–14)." In *Jesus, Paul, and the Law: Studies in Mark and Galatians*, 215–41. Louisville: Westminster John Knox, 1990.

————. "Yet Once More—'The Works of the Law': A Response." In *The New Perspective on Paul Revised Edition*, 213–26. Grand Rapids: Eerdmans, 2008.

Dunn, James D. G., and Alan M. Suggate, *The Justice of God: A Fresh Look at the Old Doctrine of Justification by Faith*. Grand Rapids: Eerdmans, 1994.

Fink, David C. "Was There a 'Reformation Doctrine of Justification'?" *Harvard Theological Review* 103 (2010) 205–35.

Gager, John G. *The Origins of Anti-Semitism: Attitudes toward Judaism in Pagan and Christian Antiquity*. New York: Oxford University Press, 1983.

Garlington, Don B. "Imputation or Union with Christ? A Rejoinder to John Piper." Online: http://www.thepaulpage.com/Piper_Rejoinder.pdf.

————. *In Defense of the New Perspective on Paul: Essays and Reviews*. Eugene, OR: Wipf & Stock, 2005.

———. "The New Perspective on Paul: Two Decades On." In *In Defense of the New Perspective on Paul: Essays and Reviews*, 1–28. Eugene, OR: Wipf & Stock, 2005.

———. *The Obedience of Faith: A Pauline Phrase in Historical Context.* WUNT 2/38. Tübingen: Mohr/Siebeck, 1991.

Gaston, Lloyd. *Paul and the Torah.* Vancouver: University of British Columbia Press, 1987.

Gathercole, Simon J. *Where Is Boasting?: Early Jewish Soteriology and Paul's Response in Romans 1–5.* Grand Rapids, MI: Eerdmans, 2002.

Gilley, Gary. "The New Perspective on Paul, Part 1." Online: https://tottministries.org/the-new-perspective-on-paul-part-1/.

Grundmann, W. "*Memphomai*, etc." In *Theological Dictionary of the New Testament*, edited by G. Kittel and G. Friedrich, 4:571–73. Grand Rapids: Eerdmans, 1964 = 『신약원어 신학사전』, 요단출판사, 1986.

Gundry, Robert H. "The Nonimputation of Christ's Righteousness." In *Justification: What's at Stake in the Current Debates?*, edited by Mark Husbands and Daniel J. Treier, 17–45. Downers Grove, IL: InterVarsity, 2004.

Hagner, Donald A. "Paul and Judaism, the Jewish Matrix of Early Christianity: Issues in the Current Debate." *Bulletin for Biblical Research* 3 (1993) 111–30.

Hays, Richard B. *The Faith of Jesus Christ: The Narrative Substructure of Galatians 3:1—4:11*. 2nd ed. Grand Rapids: Eerdmans, 2002 = 『예수 그리스도의 믿음』, 에클레시아북스, 2013.

Holmgren, Fredrick C. "The Pharisee and the Tax Collector. Luke 18:9-14 and Deuteronomy 26:1-15." *Interpretation* 48 (1994) 252-61.

Hooker, Morna D. "Paul and 'Covenantal Nomism'." In *Paul and Paulinism: Essays in Honour of C. K. Barrett*, edited by M. D. Hooker and S. G. Wilson, 47-56. London: SPCK, 1982.

Horsley, Richard A. "Introduction." In *Paul and the Imperial Order*, edited by Richard A. Horsley, 1-23. Harrisburg, PA: Trinity, 2004.

Jüngel, Eberhard. *Justification: The Heart of the Christian Faith*. Translated by Jeffrey F. Cayzer. 3rd ed. Edinburgh: T. & T. Clark, 2001.

Kedar-Kopfstein, B. "*Tamam*, etc." In *Theological Dictionary of the Old Testament*, edited by G. J. Botterweck et al., 15:699-711. Grand Rapids: Eerdmans, 2006.

Kennedy, Kevin D. *Union with Christ and the Extent of the Atonement in Calvin*. Studies in Biblical Literature 48. New York: Lang, 2002.

Kümmel, Werner Georg. *Römer 7 und das Bild des Menschen im Neuen Testament: Zwei Studien*. Theologische Bücherei 53. Munich: Kaiser, 1974.

Kwakkel, Gert. *According to My Righteousness: Upright Behaviour as*

*Grounds for Deliverance in Psalms 7, 17, 18, 26, and 44.* Oudtestamentische Studiën 46. Leiden: Brill, 2002.

Lambrecht, Jan. *The Wretched "I" and Its Liberation: Paul in Romans 7 and 8.* Louvain Theological and Pastoral Monographs 14. Grand Rapids: Eerdmans, 1992.

Lincoln, Andrew T. "Ephesians 2:8–10: A Summary of Paul's Gospel?" *Catholic Biblical Quarterly* 45 (1983) 617–30.

Longenecker, Bruce W. "Lifelines: Perspectives on Paul and the Law." *Anvil* 16 (1999) 125–30.

———. *The Triumph of Abraham's God: The Transformation of Identity in Galatians.* Nashville: Abingdon, 1998.

Martínez, Florentíno Garcia, editor. *The Dead Sea Scrolls Translated: The Qumran Texts in English.* Translated by Wilfred G. E. Watson. 2nd ed. Grand Rapids: Eerdmans, 1996 = 『사해문서 1-4』, 나남, 2008.

Mattison, Mark. "Confronting Legalism or Exclusivism? Reconsidering Key Pauline Passages." Online: http://www.thepaulpage. com/confronting-legalism-or-exclusivism-reconsidering-key-pauline-passages.

Metzger, Bruce M. *The New Testament: Its Background, Growth, and Content.* Nashville: Abingdon, 1965.

Middleton, Darren. "Pastoral Implications of the New Perspective (Part 3 of 3)." Online: http://www.thirdmill.org/files/english/ html/th/TH.h.Middleton.new.perspective.3.html.

Moo, Douglas J. "Israel and Paul in Romans 7:7–12." *New Testament Studies* 32 (1986) 122–35.

Moore, George Foot. "Christian Writers on Judaism." *Harvard Theological Review* 14 (1921) 197–254.

———. *Judaism in the First Centuries of the Christian Era, The Age of the Tannaim.* 3 vols. Cambridge: Harvard University Press, 1927.

Neusner, Jacob. "Paul and Palestinian Judaism: A Comparison of Patterns of Religion." *History of Religions* 18 (1978) 177–91.

Olson, Roger E. *The Mosaic of Christian Belief: Twenty Centuries of Unity and Diversity.* Downers Grove, IL: InterVarsity, 2002.

O'Brien, Peter T. *The Epistle to the Philippians: A Commentary on the Greek Text.* Grand Rapids: Eerdmans, 1991.

The Paul Page. Online: http://www.thepaulpage.com.

Piper, John, *The Future of Justification: A Response to N.T. Wright.* Wheaton, IL: Crossway, 2007 = 『칭의 논쟁』, 부흥과개혁사, 2009.

Räisänen, Heikki. *Paul and the Law.* 1st Fortress ed. Philadelphia, PA: Fortress, 1986.

Rakestraw, Robert V. "John Wesley as a Theologian of Grace." *Journal of the Evangelical Theological Society* 27 (1984) 193–203.

Reumann, John H., and Joseph A. Fitzmyer. *Righteousness in the New Testament: Justification in the United States: Lutheran–Roman Catholic Dialogue.* Philadelphia: Fortress, 1982.

Sanders, E. P. "Covenantal Nomism Revisited." *Jewish Studies*

*Quarterly* 16 (2009) 25-55 = "다시 살펴본 언약적 율법주의", 『바울과 팔레스타인 유대교(간추린판)』, 알맹e & 비아토르, 2020에 수록.

―――. *Paul and Palestinian Judaism: A Comparison of Patterns of Religion*. Philadelphia: Fortress, 1977 = 『바울과 팔레스타인 유대교』, 알맹e, 2018.

Schechter, S. *Aspects of Rabbinic Theology: Major Concepts of the Talmud*. New York: Schocken, 1961.

Schreiner, Thomas R. "Is Perfect Obedience to the Law Possible: A Re-Examination of Galatians 3:10." *Journal of the Evangelical Theological Society* 27 (1984) 151-60.

Segal, Alan F. *Paul the Convert: The Apostolate and Apostasy of Saul the Pharisee*. New Haven: Yale University Press, 1990.

Stendahl, Krister. "The Apostle Paul and the Introspective Conscience of the West." In *Paul among Jews and Gentiles and Other Essays*, 78-96. Philadelphia: Fortress, 1976 = 『유대인과 이방인 사이에 있는 바울』, 감은사, 2021.

―――. *Final Account: Paul's Letter to the Romans*. Minneapolis: Fortress, 1995.

Stuhlmacher, Peter. *Revisiting Paul's Doctrine of Justification: A Challenge to the New Perspective*. Downers Grove, IL: InterVarsity, 2001.

Thompson, Michael B. *The New Perspective on Paul*. Grove Biblical Series 26. Cambridge, UK: Grove, 2002.

Trueman, Carl R. "The Portrait of Martin Luther in Contemporary New Testament Scholarship: Some Casual Observations." Lecture delivered at the Tyndale Fellowship in Christian Doctrine, 2001. Cited in "The New Perspective on Justification" by Richard D. Phillips. Online: http://www.fpcjackson.org/resources/apologetics/Modern%20Unbib%20Chall%20to%20Covt%20Theology/phillips_new_perspective.htm.

Venema, Cornelis P. *The Gospel of Free Acceptance in Christ: An Assessment of the Reformation and New Perspectives on Paul.* Edinburgh: Banner of Truth Trust, 2006.

Visscher, Gerhard H. *Romans 4 and the New Perspective on Paul: Faith Embraces the Promise.* Studies in Biblical Literature 122. New York: Lang, 2009.

Warfield, B. B. "Imputation." In *The New Schaff-Herzog Encyclopedia of Religious Knowledge*, edited by S. M. Jackson, 5:465–67. Grand Rapids: Baker, 1977.

Watson, Francis. "Not the New Perspective." An unpublished paper delivered at the British New Testament Conference, Manchester, September 2001. Online: http://www.abdn.ac.uk/divinity/staff/watsonart.shtml.

———. *Paul, Judaism, and the Gentiles: Beyond the New Perspective.* Rev. and exp. ed. Grand Rapids: Eerdmans, 2007.

———. *Paul, Judaism, and the Gentiles: A Sociological Approach.* Cambridge: Cambridge University Press, 1986.

Weedman, Gary E. "Reading Ephesians from the New Perspective on Paul." *Leaven* 1 (2006) 81–92. Online: https://digitalcommons. pepperdine.edu/cgi/viewcontent.cgi?article=1270&context=leaven.

Westerholm, Stephen. *Perspectives Old and New on Paul: The "Lutheran" Paul and His Critics*. Grand Rapids: Eerdmans, 2004.

Wright, N. T. *The Climax of the Covenant: Christ and the Law in Pauline Theology*. Minneapolis: Fortress, 1993.

———. *Justification: God's Plan and Paul's Vision*. Downers Grove, IL: InterVarsity Academic, 2009 = 『톰 라이트, 칭의를 말하다』, 에클레시아북스, 2016.

———. "The Letter to the Romans." In *The New Interpreter's Bible*. Vol. 10, *Acts, Introduction to Epistolary Literature, Romans, 1 Corinthians*, edited by Leander E. Keck, 393–770. Nashville: Abingdon, 2002 = 『로마서』, 에클레시아북스, 2014.

———. "New Perspectives on Paul." Online: https://ntwrightpage. com/2016/07/12/new-perspectives-on-paul/.

———. *Paul for Everyone: Romans*. Louisville: Westminster John Knox, 2004 = 『모든 사람을 위한 로마서 1-2』, IVP, 2010.

———. *Paul: In Fresh Perspective*. Minneapolis: Fortress, 2005 = 『톰 라이트의 바울』, 죠이선교회, 2012.

———. "The Paul of History and the Apostle of Faith." *Tyndale Bulletin* 29 (1978) 61–88.

———. "Redemption from the New Perspective? Towards a Multi-

Layered Pauline Theology of the Cross." In *Redemption*, edited by S. T. Davis, D. Kendall, and G. O'Collins, 69–100. Oxford: Oxford University Press, 2006. Online: https://ntwrightpage.com/2016/04/05/redemption-from-the-new-perspective/.

———. *What Saint Paul Really Said: Was Paul of Tarsus the Real Founder of Christianity?* Grand Rapids: Eerdmans, 1997 = 『톰 라이트, 바울의 복음을 말하다』, 에클레시아북스, 2011.

Yinger, Kent L. "The Continuing Quest for Jewish Legalism." *Bulletin of Biblical Research* 19 (2009) 375–91.

———. "Defining 'Legalism'." *Andrews University Seminary Studies* 46 (2008) 91–108.

———. *Paul, Judaism, and Judgment According to Deeds.* SNTSMS 105. Cambridge: Cambridge University Press, 1999.

———. "Reformation Redivivus: Synergism and the New Perspective." *Journal for Theological Interpretation* 3 (2009) 89–106.

Zahl, Paul F. M. "Mistakes of the New Perspective on Paul." *Themelios* 27 (2001) 5–11.

# 더 깊은 연구를 위한 제안

## 새 관점에 대한 개관과 소개

The Paul Page. Online: http://www.thepaulpage.com. 새 관점 관련 저서 전문 모음집; 계속 업데이트가 진행되고 있다.

Thompson, Michael B. *The New Perspective on Paul.* Grove Biblical Series 26. Cambridge, UK: Grove, 2002. 간결하면서도 읽기 쉽다. 하지만 미국에서는 이 책을 구하기가 어렵다.

## 샌더스와 유대교에 관한 새 관점

Carson, Donald A., Peter T. O'Brien, and Mark A. Seifrid, editors. *Justification and Variegated Nomism.* Vol. 1, *The Complexities of Second Temple Judaism.* WUNT 2/140. Grand Rapids: Baker Academic, 2001. 이 책은 제2성전기 유대교 문헌을 광범위하게 검토해서 언약적 율법주의가 당시에 특징적이었는지 여부를 검

토한다.

Gathercole, Simon J. *Where Is Boasting?: Early Jewish Soteriology and Paul's Response in Romans 1–5*. Grand Rapids: Eerdmans, 2002. 유대교 구원론은 (그것이 설령 율법주의적이지 않았다 하더라도) 적어도 신인협력주의적이었다(하나님의 은혜와 인간의 순종의 협력). 그러나 바울은 그것에 반대해서 '오직 은혜'를 선포했다.

Moore, George Foot. "Christian Writers on Judaism." *Harvard Theological Review* 14 (1921) 197–254. 샌더스 이전에, 유대교에 대한 기독교의 묘사들에 대해서 반대 입장을 밝혔던 중요한 이의 제기이다.

Sanders, E. P. "Covenantal Nomism Revisited." *Jewish Studies Quarterly* 16 (2009) 25–55. 30년 넘게 도전들을 상대한 끝에, 샌더스는 비판자들에 대항해서 확고하게 새 관점의 입장을 유지했다.

————. *Paul and Palestinian Judaism: A Comparison of Patterns of Religion*. Philadelphia: Fortress, 1977, esp. pp. 33–428. 이 책은 바울이 상대하고 있었을지도 모를 유대교의 유형에 대한 재평가를 강력하게 요구한다.

————. *Judaism: Practice and Belief, 63 BCE–66 CE*. Philadelphia: Trinity, 1992. 이 책은 대다수의 일반적 유대인들(비바리새인, 비사두개인 등)이 언약적 율법주의자로서 어떻게 살았고 어떻게 믿었는지에 대하여 연구한다.

Yinger, Kent L. "The Continuing Quest for Jewish Legalism." *Bulletin of Biblical Research* 19 (2009) 375–91. 이 소논문은 샌더스 이후에 이루어졌던 유대교 구원론에 대한 연구들을 조사한다.

## 바울에 관한 새 관점을 옹호하는 입장

Dunn, James D. G. *The New Perspective on Paul.* Rev. ed. Grand Rapids: Eerdmans, 2008. 가장 처음으로 '새 관점'의 필요성을 주창한 소논문을 포함해서 던의 초창기 논문들을 모아 새롭게 출판한 책이다. 새로운 논문들도 일부 포함되며, 과거에 발표됐던 논문을 업데이트한 것도 있다.

Dunn, James D. G., and Alan M. Suggate, *The Justice of God: A Fresh Look at the Old Doctrine of Justification by Faith.* Grand Rapids: Eerdmans, 1994. 이 책에서 던과 수게이트는 새 관점이 이신칭의를 버렸다는 혐의에 대해서 대응한다.

Garlington, Don B. *In Defense of the New Perspective on Paul: Essays and Reviews.* Eugene, OR: Wipf & Stock, 2005. 새 관점에 관한 다양한 비판들에 대한 유용한 답변들 그리고 새 관점에 대해 비판적인 여러 책들에 대한 논평들을 포함한다.

Stendahl, Krister. "The Apostle Paul and the Introspective Conscience of the West." In *Paul among Jews and Gentiles*, 78–96. Philadelphia: Fortress, 1976. 이 소논문은 새 관점이라는 말이 생겨나기도 전에 발표됐던 것이지만, 대부분의 새 관점 저자들에게 매우 강한 영향력을 미친 것으로 입증됐다.

Wright, N. T. "The Paul of History and the Apostle of Faith."
    *Tyndale Bulletin* 29 (1978) 61–88. 가장 초창기에 새 관점에 대하
    여 언급한 글들 가운데 하나이다.

———. *The Climax of the Covenant: Christ and the Law in Pauline
    Theology.* Minneapolis: Fortress, 1993. 라이트의 새 관점을 보여
    주는 중요한 글이 담겨있다.

———. *Paul: In Fresh Perspective.* Minneapolis: Fortress, 2005. 라이
    트의 입장을 비학문적인 방식으로 제시한 책이다. 이 책에서 라
    이트는 제국주의적 차원을 포함하며, "새"(new) 관점에서 "신선
    한"(fresh) 관점으로 이동한다.

———. *What Saint Paul Really Said: Was Paul of Tarsus the Real
    Founder of Christianity?* Grand Rapids: Eerdmans, 1997. 원래 이
    책은 새 관점과 관련된 다양한 주제들에 관한 강연이었다(칭의,
    회심 등).

———. Online: https://ntwrightpage.com. 이 웹사이트에서는 수많
    은 N. T. 라이트의 출판물, 강연, 미간행 논문들을 이용할 수 있
    다.

Yinger, Kent L. *Paul, Judaism, and Judgment According to Deeds.*
    SNTSMS 105. Cambridge: Cambridge University Press, 1999. '행
    위에 따른 심판'이라는 유대적 모티프를 바울이 어떻게 사용하
    는지를 연구한 책이다.

## 바울에 관한 새 관점을 반대하는 입장

Carson, D. A., Peter Thomas O'Brien, and Mark A. Seifrid, Editors. *Justification and Variegated Nomism*. Vol. 2, *The Paradoxes of Paul*. WUNT 2/140. Grand Rapids: Baker Academic, 2004. 다양한 학자들이 한결같이 새 관점 해석에 대해 학문적으로 비판한 책이다.

Hagner, Donald A. "Paul and Judaism, the Jewish Matrix of Early Christianity: Issues in the Current Debate." *Bulletin for Biblical Research* 3 (1993) 111-30. 균형 있는 그리고 읽기 쉬운 새 관점에 대한 비평이다.

Venema, Cornelis P. *The Gospel of Free Acceptance in Christ: An Assessment of the Reformation and New Perspectives on Paul*. Edinburgh: Banner of Truth Trust, 2006. 이 책은 새 관점과 종교개혁이 신학적으로 양립할 수 없다고 주장한다.

Waters, Guy Prentiss. *Justification and the New Perspectives on Paul: A Review and Response*. Phillipsburg, NJ: P&R, 2004. 개혁주의 입장에서 쓰여진 새 관점에 대한 강력한 비평서다.

Westerholm, Stephen. *Perspectives Old and New on Paul: The "Lutheran" Paul and His Critics*. Grand Rapids: Eerdmans, 2004. 아마도 지금까지 나온 책들 가운데 최고로 학문적인 개론서이자 비평서일 것이다.

## 새 관점을 반대하는 입장의 인터넷 웹사이트

"Critiques of NPP." Monergism.com. Online: https://www. monergism.com/topics/new-perspective/critiques-npp.

"The New Perspective." First Presbyterian Church of Jackson Mississippi. Online: http://www.fpcjackson.org/resources/ apologetics/Modern%20Unbib%20Chall%20to%20Covt%20 Theology/modern_unbibl_challeng_%20index.htm#The%20 New%20Perspective.

## '(옛/새 관점) 둘 다' 또는 '(옛/새 관점을) 넘어서'의 입장

Bird, Michael F. *The Saving Righteousness of God: Studies on Paul, Justification and the New Perspective.* Paternoster Biblical Monographs. Eugene, OR: Wipf & Stock, 2007. 버드는 "전가된"(imputed) 의보다 "연합된"(incorporated) 의를 선호한다.

Campbell, Douglas A. *The Quest for Paul's Gospel: A Suggested Strategy.* JSNTSup 274. London: T. & T. Clark, 2005. 캠벨은 종말론적 범주를 선호한다. 그는 새 관점에서 어느 정도의 가치를 발견하며, 루터교적 접근법을 강하게 비판한다.

Das, A. Andrew. *Paul and the Jews.* Library of Pauline Studies. Peabody, MA: Hendrickson, 2003. 이 책에서 다스는 샌더스가 유대교에 대해서는 옳았지만, 바울은 여전히 율법주의를 반대한 것이라고 주장한다.

Longenecker, Bruce W. *The Triumph of Abraham's God: The*

*Transformation of Identity in Galatians*. Nashville: Abingdon, 1998. "보완적"(complementarity) 관점에서 쓰여진 갈라디아서에 대한 학문적 연구서이다(즉, 새 관점과 비-새 관점 입장은 서로를 보완한다는 것이다).

―――. "Lifelines: Perspectives on Paul and the Law." *Anvil* 16 (1999) 125-30. 롱네커의 '보완적' 입장에 대한 간략하고도 비학문적인 글이다(바로 위에 있는 책을 참고하라).

Watson, Francis. *Paul, Judaism, and the Gentiles: Beyond the New Perspective*. Rev. and exp. ed. Grand Rapids: Eerdmans, 2007. 이 책에서 왓슨은 바울에 관한 전통적 접근법과 새 관점 접근법 모두에 대한 자신의 불만에 관해 설명한다.

## 구약외경

## 사해문서